Russische Weihnacht

Herausgegeben von Sabine Prilop

Russische Weihnacht

Herausgegeben von Sabine Prilop

Mit sechzehn Illustrationen aus der
»Reise durch Rußland« von Heinrich Vogeler

Artemis & Winkler

Mit sechzehn Illustrationen aus der »Reise durch Rußland«
und aus anderen Werken von Heinrich Vogeler (1872–1942)

Die Deutsche Bibliothek – CIP-Einheitsaufnahme
Ein Titeldatensatz für diese Publikation ist bei
Der Deutschen Bibliothek erhältlich.

Umschlagmotiv: »Dreifaltigkeits-Sergius-Kloster im Winter.« Gemälde von K. S. Juon.
Umschlaggestaltung und Ausstattung: Groothuis & Consorten, Hamburg
Satz: Fotosatz Moers, Mönchengladbach
Druck und Bindung: Grafo, S.A., E-Basauri
ISBN 3-538-06925-5
www.patmos.de

Inhalt

Edzard Schaper

Die Legende vom vierten König

Als das Jesuskind in Bethlehem geboren werden sollte, erschien der Stern, der seine Geburt anzeigte, nicht nur den weisen Königen im Morgenlande, sondern auch einem König im weiten Rußland. Er war kein großer, mächtiger Herr oder besonders reich oder ausnehmend klug und den Künsten der Magie ergeben. Er war ein kleiner König mit rechtschaffenem Sinn und einem guten, kindlichen Herzen, menschenfreundlich, sehr gutmütig, gesellig und einem Spaß durchaus nicht abgeneigt. Daß einmal ein Stern am Himmel erscheinen und die Herabkunft des Allherrschers über das ganze Erdreich ankündigen würde, und daß der Königsspross, der dann in Rußland herrschte, aufbrechen und dem größeren Herrn als Gefolgsmann huldigen müßte, das wußte unser kleiner König von allen seinen Vätern und Vorvätern her. Die hatten diese Verheißung durch viele Geschlechter bewahrt und jedem ihrer Nachfolger weitergegeben.
Er hatte eine Riesenfreude, der kleine König in Rußland, daß der Stern, der das größte Ereignis der Welt ankündigte, gerade zu der Zeit am Himmel erschien, in der er, noch jung an Jahren, am Regieren war, und beschloß, sogleich aufzubrechen. Großes Gefolge wollte er nicht mitnehmen, das lag ihm nicht, und nicht einmal einen von seinen treuesten Knechten, denn es war nichts darüber bekannt, wo der größte Herrscher geboren werden und wie weit seine Reise ihn führen würde. Er wollte sich allein auf die Suche machen. Also ließ er sich sein Lieblingspferd Wanjka satteln – keinen Streithengst oder dergleichen, sondern nur so ein kleines, unverwüstliches russisches Pferdchen: zottig und mit einer Stirnlocke, daß die Augen kaum den Weg erkennen konnten, auf dem sein Herr

es lenkte, aber ausdauernd und genügsam, wie man es für eine weite Reise braucht. Aber halt! dachte der kleine König, mit leeren Händen geht man nicht huldigen, zumal es nicht nur einem hohen, sondern dem höchsten Herrn gilt. Er überlegte lange, was er wohl mitnehmen könnte, daß seine Satteltaschen es noch zu fassen vermöchten, was die Güter und den Fleiß seines Landes ins rechte Licht setzen und, vor allem, für den zur Welt gekommenen höchsten Herrn eine geziemende Huldigungsgabe sein würde. Die Reiche dieser Welt, dachte er bei sich, beurteilt ein weiser Mann stets nach der Tugend und dem Fleiß ihrer Frauen. Also nahm er etliche Rollen vom schönsten, zartesten Linnen mit, das die Frauen seines Landes aus dem dort gewachsenen Flachs gewebt hatten. Dazu packte er etliche der schönsten, edelsten Pelze ein, die seine Jäger in den Wintern erlegt und weich wie Sammet und Sämisch gegerbt hatten. Dann, meinte der König, sieht jedermann, geschweige dieses allweise Kind, daß mein Volk auch im Winter nicht auf der faulen Haut liegt, obschon es auf unseren großen Öfen dann bei Kwaß und Gurken wie im Himmel ist. Von den Flußtälern, in denen seine Arbeiter Goldkörner aus dem Sande wuschen, ließ er sich viele kleine Ledersäcklein mit dem zauberischen Korn bringen, das den Wandel dieser Welt regiert, und aus den Bergen seines Landes, wo die verläßlichsten seiner Bergleute in den verschwiegensten Minen schürften, die keines Untertanen Wissen kannte und kein Mund je nannte, vermehrte er rasch noch den Vorrat an seltenen und kostbaren Edelsteinen, der beständig in seiner Schatzkammer lag. Die schönsten und wertvollsten nahm er als Gabe seines Reiches an den Allherrscher auf die Reise mit. Und schließlich, mehr der Frauenklugheit gehorchend, von der er gehört hatte, sie sei das einzige, was die Welt am Saum halte, wenn die Weisheit der Könige zu Ende sei, ließ er sich von seiner Mutter noch ein kleines irdenes Krüglein Honig hinzutun, den die samtpelzigen, runden Bienchen in den Linden Rußlands gesammelt. Kinder, welcher Art sie auch seien, hatte die Mutter gesagt, brauchten diesen Nektar. Und sei das Kind, das geboren werden sollte, der alten Verheißung nach auch vom Himmel

DIE · HEILIGEN
DREI · KOENIGE

gekommen, so werde es der Honig einer russischen Linde noch am ehesten an seine bessere Heimat erinnern.

Dies waren die Gaben, die der kleine König mitnahm. Und nachdem er den Seinen alles gut anvertraut und ihnen gesagt hatte, wie sie's mit allem halten sollten, bis er wiedergekommen war, ritt er eines Nachts auf Wanjka davon, denn da leuchtete der Stern ja am hellsten. Er ritt durch sein ganzes Königreich, aber der Stern stand und stand nicht still. Er mußte über die Grenzen in die unbekannte Welt hinaus. Das tat er, aber die Fremde war natürlich etwas anderes und Schwereres als die vertraute, eigene Erde. Tag um Tag war er unterwegs, manchmal auch des Nachts, wenn er meinte, der lange Schweif seines Sterns, dem er folgte, berühre beinahe die Erde und er könne ihn schon im nächsten Augenblick mit den Händen packen und sich, ohne weiter viel nachdenken zu müssen, einfach an den Ort des Heils ziehen lassen.

Aber nein, das ging nicht. Was ihn allein zog, war sein eigenes Verlangen, dem größten Herrscher aller Zeiten und Zonen huldigen zu dürfen, und dieses Verlangen trachtete er nie ermatten oder gar ganz einfach einschlafen zu lassen, so sehr ihn auch die Fremde fesselte und verwirrte.

Er sah so vieles, was er bis dahin nicht gekannt und davon er nie gehört hatte. Das Gute merkte er sich genau, damit er es später, wie er dachte, auch bei seinem Volk im eigenen Land in Schwang setzen könnte; das Schlechte grämte und bekümmerte ihn noch mehr, als wenn er's im eigenen Land hätte sehen müssen, denn hier in der Fremde besaß er ja keine Macht, wieviel Mitleid auch in ihm erwachte, wenn er die Gerechten schmachten und die Guten im Elend sah. Er half, wo er konnte, mit Worten und Werken und bedachte, wenn er wieder allein unterwegs war, immer inniger in seinem Sinn, wie brennend nötig die Welt doch einen neuen Allherrscher brauche, der die Verfolgten zu schützen, die Unterdrückten wiederaufzurichten, die Gefangenen zu lösen, die Kranken zu heilen und die Gerechten zu belohnen vermochte. Dieses alles, so lautete die alte Verheißung, nach der er aufgebrochen war, werde der neue Herrscher tun.

Zwei, drei Monde lang war er schon unterwegs, da hatte er eines Nachts, als der Stern besonders prächtig am Himmel wanderte und er ihm beim flinken Trab seines Pferdchens mit Wehmut im Herzen nachritt, weil er an die ferne Heimat denken mußte, aus der er vor schon so langer Zeit aufgebrochen war, eine ganz seltsame Begegnung. Das erste, was er im Dunkel erkannte, dünkten ihn wandernde Hügel zu sein. Beim Näherkommen dann gewahrte er, daß es eine vornehme Reisegesellschaft sein mußte, welche der Kühle wegen vorzog, bei Nacht unterwegs zu sein, oder welche dem Stern ebensoviel Beachtung schenkte wie er selbst. Nur ritten die Herren und ihr Gefolge nicht Pferde, sondern Kamele, die wie in Filzstiefeln einherschlurften, und was ihn wandernde Hügel gedünkt hatten, waren die höckerigen Rücken der schwerbepackten Kamele.
Als der flinke Trab des russischen Pferdchens die Gesellschaft eingeholt hatte, scharten die Diener sich sogleich schützend um ihre drei Herren, denn sie mochten Räuber befürchtet haben, aber das Mißverständnis war rasch behoben. Und unser kleiner König, gesellig wie er war, freute sich, Weggenossenschaft zu haben. Er fragte die drei Herren, woher sie kämen und wohin sie wollten, und diese nannten ihm Reiche im Osten, aus denen sie einmal aufgebrochen waren, von denen unser kleiner König noch nie erzählen gehört hatte. Ihr Ziel aber – ihr Ziel war sein eigenes Ziel: der Ort, über welchem der Stern stillestand! Dort, sagten sie, sei ihnen offenbart worden, werde ein Kind geboren werden, das der größte König, der weiseste Arzt und der höchste Priester aller Zeiten und Zonen war, und diesem Kind müßten sie huldigen und es anbeten. Der kleine König kam aus dem Staunen nicht heraus. Er erzählte ihnen, daß er aus eben demselben Grund aufgebrochen sei aus Rußland. Die drei Herren aus dem Osten kannten es dem Namen nach, aber sie schienen es für ein sehr dunkles, wildes und kaltes Land zu halten, in dem König zu sein sich gar nicht verlohne. Bis daß es Morgen wurde, versuchte der kleine König sie zu überzeugen, daß es das beste und liebste Land der Welt sei, aber das gelang ihm nicht so recht.

Und als es hell wurde und er erkannte, mit wem er im Dunkeln so freimütig gesprochen hatte, wurde er ganz kleinlaut.

Gegen soviel Pracht und Würde, wie da auf den Kamelrücken schaukelte, nahm er sich nur wie ein Strolch aus, und beim Anblick der vielen beflissenen Diener fragte er sich einen Augenblick lang, ob es nicht vielleicht doch klüger gewesen wäre, wenn er ein paar von seinen treuesten Knechten zur Aufwartung mitgenommen hätte, obschon auch seine besten Leute es mit den Schranzen dieser drei an höfischer Gewandtheit, welche jene ihren Herren abgeguckt, ums liebe Leben nicht hätten aufnehmen können. Der kleine König sah an seinem staubigen, verschlissenen Reitrock hinunter und schämte sich, und die drei großmächtigen Herren aus dem Osten schienen ihm mit ihrem gemessenen Schweigen zu bedeuten: für einen, der im Dunkeln ein so großes Wort geführt, sähe er im Hellen gar zu klein aus. Die drei waren überhaupt die seltsamsten Menschen, die der kleine König je zu Gesicht bekommen hatte, und dabei hatte er während der letzten Monde doch schon allerlei Seltsames gesehen. Der eine von ihnen, mit einem langen, gewichsten Spatenbart, war ungefähr so weiß wie die Menschen insgemein, der zweite war gelb wie eine Lindenblüte und der dritte war schwarz. Nun ging dem kleinen König auch auf, warum er, als es noch Nacht gewesen war, sich mitunter hatte fragen müssen, ob er denn wirklich mit dreien und nicht nur mit zweien spräche. Der Schwarze war immer ein Stück Nacht selbst gewesen.

Auf den Feldern vor dem Ort, in welchem die Weitgereisten Herberge suchen wollten, weil der wegweisende Stern nun untergegangen war, während unser kleiner König meistens mit dem Sattel als Kopfkissen hinter einer Feldscheune schlief, funkelte der Tau der Morgenfrühe, in welchem die Sonne Feuer anzufachen schien, und die Herren priesen das Schauspiel. Da packte unseren kleinen König der Übermut, und er, so staubig und unscheinbar er aussah, wollte bei all der fremden Pracht ringsumher auch einmal für etwas gelten.

»Aber ein paar Perlen aus dem teuren Rußland«, rief er, »glänzen doch noch viel

schöner als der Tau!« griff in die Satteltasche, holte ein Ledersäcklein mit Perlen hervor, die er eigentlich für das Jesuskind mitgenommen hatte, und streute die in weitem Bogen als eine Saat seiner Eitelkeit und Liebe zu dem teuren Land der Väter in das taufunkelnde Feld.

Die drei Herren schwiegen verdutzt zu diesem Überschwang. Erst nach einer geraumen Weile erkundigte sich der mit dem Spatenbart: »Waren das Perlen?«

»Freilich«, sagte der kleine König, »und eigentlich ...« Ihm fiel jetzt erst ein, daß der neue große König sie hatte bekommen sollen, aber er schämte sich, das einzugestehen, und sprach deshalb nicht weiter. »Rußland hat noch viele«, meinte er dann kurz angebunden.

»Perlen sind Tränen«, sagte der Fremde mit dem Spatenbart. »Warum sät Ihr Eure Tränen in die fremde Erde aus, Herr Bruder?«

»Ach, dazu bin ich wohl ausgezogen«, sagte der kleine König unbedacht und keck, »ich behalte ja noch immer mein Lachen!« Aber ihm war gar nicht so keck zumute, wie er tat, und mit jeder Meile, die sie noch ritten, hatte er immer mehr das Gefühl, die drei Herren glaubten ihm gar nicht, daß er zu dem gleichen Ziel unterwegs sei wie sie, oder sie hielten ihn für ganz und gar unwürdig, dieses neuen, größten Königs Vasall zu sein. Die wenige Zeit, die er noch mit ihnen zusammen war, führten die drei so gebildete Gespräche miteinander, daß er ihnen gar nicht zu folgen vermochte und lieber Unterhaltung mit einem ihrer Diener gepflogen hätte, nur verstand er die nicht.

Als sie bei der Herberge angelangt waren, in welcher die drei sich durch einen Vorreiter angesagt hatten und wo alles für ihren Empfang gerüstet war, daß sie auch in den Tagesstunden eine rechte Ruhe genießen könnten, ließ der kleine König sich gar nicht darauf ein, die mißliche Rolle eines Überzähligen zu spielen. Für die drei war er ein gar zu kleiner Herr, als daß er das Lager mit ihnen hätte teilen dürfen, und für einen Platz unter ihrem Gesinde kam er sich selbst, Rußland zu Ehren, zu groß vor. Also band er seinem Pferdchen Wanjka den Maltersack vor, nahm ihm die Packtaschen und den Sattel ab und legte sich mit denen als Kopfkissen in der Scheuer allein zum Schlaf nieder, wie er's gewohnt war.

Er schlief prächtig und träumte von Kwaß und Gurken, als läge er daheim auf einem russischen Ofen, aber als er aufwachte, geschah es von einem Stöhnen, in welchem aller Welt Jammer laut zu werden schien. Verwundert rieb er sich den Kopf, weil er doch allein zu sein meinte, da ward er gewahr, daß nach ihm sich noch jemand eingeschlichen hatte. Es war ein junges Bettelweib, das hier untergekrochen war, um seine schwere Stunde unter einem schützenden Dach zu erwarten, und während er gemächlich geschlafen, hatte sie einem Mägdlein das Leben geschenkt. Niemand war da, der Mutter und Kind hätte beistehen können, als er allein. Gewohnt war der kleine König die Arbeit nicht, die jetzt auf ihn wartete, aber aus gutem Herzen meinte er, sich nicht versagen zu dürfen. Er holte der jungen Mutter aus der Herberge etwas zu essen und zu trinken, und weil sie in den letzten Tagen nichts von den Leuten bekommen hatte, füllte er auch ihren Beutel mit ein paar Prisen Gold aus einem seiner ledernen Säcklein reichlich auf. Nur das Kindlein hatte es noch ganz erbärmlich ... Mit gerunzelter Stirn betrachtete der kleine König immer wieder dessen elende Blöße. – »Ach, du armer Schneck!« sagte er schließlich, »welcher Liederjan auch dein Vater gewesen ist, der dir nicht mehr als die dünne Haut auf diese Welt mitgegeben hat – so lasse ich dich nicht!« Und er ging hin, packte eine seiner Satteltaschen auf, entnahm ihr eine Rolle von dem heimatlichen Linnen und trennte ein halbes Dutzend der schönsten Windeln, volles, breites, russisches Maß, davon ab.

Als er für alles Notwendige gesorgt hatte, daß Mutter und Kind unbesorgt der kommenden Nacht entgegensehen konnten, war es schon Abend geworden. Der kleine König sattelte sein Pferdchen und nahm von der Bettlerin Abschied. »In meinem Land«, sagte er zu ihr, »solltest du es besser haben«, und er erzählte ihr vom traulichen Rußland, in dem alle Bettler der Barmherzigkeit sicher sein konnten, ohne zu sagen, wer er dort war.

»In meinem Lande«, entgegnete die Bettlerin ihm mit schwacher Stimme, »solltest du der König sein. Aber ich gelte ja gar nichts, und deshalb kann ich dich nur zum König über mein Herz machen. Das aber tue ich sicher, von dieser Stunde an.«
Sieh an, sagte sich der kleine König glücklich, vom Gold und vom Linnen für den großen Allherrscher habe ich freilich einiges weggegeben, aber dafür habe ich jetzt auch in der Fremde mein eigenes Land, und vielleicht ist solch ein Herzens-Land nicht das Schlechteste. Wenn nur der große König mir verzeiht...

Leo Tolstoi

Weihnachtstroika

Weihnachten kam heran, und außer dem prunkvollen Gottesdienst, außer der feierlichen und langweiligen Gratulationscour der Nachbarn und des Hofgesindes, außer den neuen Kleidern, die alle trugen, gab es nichts Besonderes, was dieses Fest ausgezeichnet hätte. Dennoch fühlte man an diesen windstillen, grellsonnigen Tagen von zwanzig Grad Kälte und in der Sternenpracht der Winternächte das Bedürfnis, diesen Festtagen ein ganz besonderes Gepräge zu verleihen.

Am dritten Weihnachtsfeiertag hatten sich alle Hausgenossen nach dem Mittagessen auf ihre Zimmer begeben. Das war die langweiligste Zeit am Tag. Nikolaj, der am Morgen zu Nachbarn auf Besuch geritten war, lag im Diwanzimmer und schlief. Der alte Graf hielt in seinem Zimmer Mittagsruhe. Sonja saß am runden Tisch im Salon und malte ein Stickmuster ab. Die Gräfin legte sich die Karten. Der Narr Nastasja Iwanowna saß mit zwei alten Frauen mit sauertöpfischer Miene am Fenster. Natascha trat ins Zimmer, ging auf Sonja zu, sah, was sie machte, trat dann an die Mutter heran und blieb schweigend stehen.

»Was läufst du so ruhelos herum?« fragte die Mutter. »Was fehlt dir?«

»Er fehlt mir ... gleich, in diesem Augenblick noch muß ich ihn hierhaben«, erwiderte Natascha ganz ernst und mit glänzenden Augen.

Die Gräfin hob den Kopf und sah ihre Tochter aufmerksam an.

»Sehen Sie mich nicht so an, Mama, sehen Sie mich nicht so an, sonst fange ich gleich an zu heulen.«

»Setz dich, komm, setz dich hierher zu mir«, sagte die Gräfin.

»Mama, er fehlt mir. Warum muß ich so vergehen und verwehen?« Die Stimme stockte ihr, Tränen stürzten ihr aus den Augen, und um sie zu verbergen, wandte sie sich schnell um und rannte aus dem Zimmer. [...]
Die als Bären, Türken, dicke Wirte und Damen verkleideten Gutsleute, die teils komisch, teils zum Fürchten aussahen und einen Strom von Kälte und Heiterkeit mit hereinbrachten, drückten sich anfänglich schüchtern im Vorzimmer herum, drängten aber dann doch in den Saal hinein, wobei sich immer einer hinter dem andern versteckte, und begannen hier, anfänglich etwas verlegen, dann aber immer ungezwungener, ihre Lieder, Tänze, Reigen und Weihnachtsspiele. Nachdem die Gräfin die einzelnen Leute erkannt und über ihren Mummenschanz gelacht hatte, begab sie sich wieder hinüber in den Salon. Graf Ilja Andrejewitsch blieb mit strahlendem Gesicht im Saal sitzen und rief den Spielenden aufmunternde Worte zu. Die jungen Leute waren plötzlich verschwunden.
Nach einer halben Stunde erschienen im Saal zwischen den sich dort tummelnden Masken noch ein paar neue: eine alte Dame im Reifrock – das war Nikolaj, eine Türkin – das war Petja, ein Bajazzo – das war Dümmler, ein Husar – Natascha, und ein Tscherkesse – Sonja, die sich mit einem Stöpsel einen schwarzen Schnurrbart und Augenbrauen gemalt hatte.
Nachdem die Zuschauer die Masken bereitwillig angestaunt, sie eine Zeitlang nicht erkannt und dann genügend gelobt hatten, fanden die jungen Leute ihre Kostüme selber so schön, daß sie das Bedürfnis empfanden, sich darin auch noch vor anderen zu zeigen.
Nikolaj, der bei der vorzüglichen Schlittenbahn die größte Lust hatte, alle in seiner Troika auszufahren, schlug vor, ein Dutzend der verkleideten Gutsleute mitzunehmen und zum Onkel zu fahren.
»Nein, was wollt ihr denn dem alten Manne solche Unruhe bereiten!« sagte die Gräfin. »Und dann könnt ihr euch ja bei ihm kaum herumdrehen. Wenn ihr nun einmal fahren wollt, so fahrt doch zu den Meljukows.«
Frau Meljukowa war eine Witwe, die Kinder in verschiedenem Alter und eben-

falls Erzieher und Gouvernanten im Hause hatte und etwa vier Werst von den Rostows entfernt wohnte.

»Siehst du, das ist mal ein gescheiter Gedanke von dir, ma chère«, lobte sie der alte Graf, der riesig aufgekratzt war. »Gleich werde ich mich auch anputzen und mit euch fahren. Ich werde schon Paschette zum Lachen bringen.«

Aber die Gräfin wollte Ilja Andrejewitsch nicht fortlassen: Er hatte seit langem über Reißen in den Beinen geklagt. So wurde denn beschlossen, daß der alte Graf zu Hause bleiben, dafür aber Luisa Iwanowna – Madame Schoß – mitfahren sollte, damit die jungen Mädchen mit zu den Meljukows fahren konnten. Sonja, die sonst immer schüchtern und verlegen war, bat Luisa Iwanowna, diesmal stürmischer als alle anderen, es ihnen doch nicht abzuschlagen.

Sonjas Kostüm war das schönste. Das schwarze Bärtchen und die dunklen Augenbrauen standen ihr ausnehmend gut. Alle sagten ihr, daß sie sehr hübsch aussehe, und sie befand sich in einer so lustigen, unternehmenden Stimmung, wie man sie sonst gar nicht an ihr kannte. Eine innere Stimme sagte ihr, daß sich ihr Schicksal heute oder niemals entscheiden werde, und sie fühlte sich, so als Mann verkleidet, als ein ganz anderer Mensch. Luisa Iwanowna willigte ein, und nach einer halben Stunde fuhren vier Troikas mit Glöckchen und Schellen vor der Freitreppe vor, daß die Kufen auf dem hartgefrorenen Schnee quietschten und kreischten.

Natascha hatte als erste einen lustigen, weihnachtlichen Ton angeschlagen, und diese Heiterkeit hatte einen nach dem andern angesteckt, war immer lauter und größer geworden und hatte ihren Gipfel erreicht, als alle in die kalte Winternacht hinaustraten, durcheinanderschwatzten und -riefen und sich unter Gelächter und Geschrei in die Schlitten verteilten.

Die ersten beiden Troikas waren mit Jagdpferden bespannt, die dritte gehörte dem alten Grafen und hatte einen Orlow-Traber als Deichselpferd, die vierte war Nikolajs Eigentum und mit einem kleinen, struppigen Rappen als Mittelpferd bespannt. Nikolaj, einen Husarenmantel mit Gürtel über seinem Altjungfernko-

stüm, stand mitten im Schlitten und hielt mit festem Griff die Zügel in der Hand. Es war so hell, daß man die im Mondschein glitzernden Messingbeschläge am Geschirr und die Augen der Pferde sehen konnte, die sich ganz erschrocken nach den Fahrgästen umsahen, die dort unter dem dunklen Dach der Freitreppe so lärmten und schrien.

In Nikolajs Schlitten saßen Natascha, Sonja, Madame Schoß und zwei Mädchen vom Gute, im Schlitten des alten Grafen Dümmler mit seiner Frau und Petja, in den beiden anderen Schlitten die maskierten Gutsleute.

»Marsch, voran, Sachar!« rief Nikolaj dem Kutscher seines Vaters zu, um ihn unterwegs überholen zu können.

Die Troika des alten Grafen, in der Dümmler und noch andere Masken saßen, setzte sich unter dem Gekreisch der Kufen, die am Schnee festgefroren zu sein schienen, und dumpfem Schellengebimmel in Bewegung. Die Seitenpferde drängten sich dicht an die Deichsel heran und sanken beim Umwenden tief in den Schnee ein, der fest und glitzernd wie Zucker war.

Nikolaj fuhr hinter der ersten Troika her, dann kamen mit Lärm und Gekreisch die beiden anderen Schlitten. Zuerst ging es in mäßigem Trabe den schmalen Weg entlang. Solang sie am Park vorbeifuhren, warfen die kahlen Bäume ihre Schatten quer über den Weg und verdunkelten das grelle Licht des Mondes. Kaum hatten sie aber die Einfriedung hinter sich, so dehnte sich in bläulichem Schimmer, wie von unzähligen Diamanten glitzernd, die starre, unendliche Schneefläche, ganz vom Mondlicht überflutet, nach allen Seiten vor ihnen aus. Ein paarmal rumpelte der erste Schlitten über ein ausgefahrenes Loch, genau an derselben Stelle rumpelte auch der nächste und dann die beiden anderen, und so fuhren die Schlitten einer nach dem andern in langem Zug dahin und störten damit die zauberhafte Stille ringsum.

»Eine Hasenspur, eine ganze Masse Spuren!« tönte Nataschas Stimme durch die von der Kälte wie zusammengeschmiedete Luft.

»Wie deutlich man alles sieht, Nicolas!« sagte Sonjas Stimme.

Nikolaj sah Sonja an und beugte sich herab, um ihr besser ins Gesicht sehen zu können. Ein ganz neues, liebes Gesicht mit schwarzem Bärtchen, das im Mondlicht bald nah und bald fern schien, blickte ihm aus dem Zobelpelz entgegen.
Das war doch früher Sonja? dachte Nikolaj. Er sah sie genauer an und lächelte.
»Was haben Sie, Nicolas?«
»Nichts«, sagte er und wandte sich wieder zu den Pferden.
Als sie auf die große Landstraße hinauskamen, die von Schlittenkufen ganz glatt gefahren war und wie gebahnt erschien und wo im Mondschein die Spuren vom Einhacken der Hufeisendorne zu sehen waren, zogen die Pferde von selber die Zügel straff und fingen an, schneller auszugreifen. Das linke Seitenpferd senkte den Kopf, machte ein paar Sprünge und riß an seinen Strängen. Das Mittelpferd sprang bald auf die eine, bald auf die andere Seite und legte die Ohren zurück, als wolle es fragen: Geht's jetzt los, oder ist es noch zu früh? Vorn, bereits in ziemlicher Entfernung, sah man deutlich auf dem weißen Schnee Sachars schwarze Troika, deren Glöckchen, immer ferner werdend, dumpf tönten. Man hörte aus dem Schlitten die Stimmen der Vermummten, wie sie schrien und lachten.
»Na los, ihr Vagabunden!« rief Nikolaj, riß mit der einen Hand an den Zügeln und schwang mit der andern die Peitsche.
Und nur aus dem scheinbar stärker werdenden Gegenwind und dem Spannen und Zupfen und Nach-der-Mitte-Drängen der Seitenpferde war zu merken, wie flink die Troika dahinsauste. Nikolaj sah sich um. Mit Geschrei und Gekreisch, unter Peitschenknallen und Antreiben des Mittelpferdes suchten die beiden anderen Schlitten nachzukommen.
Mit stoischer Ruhe wiegte sich Nikolajs Deichselpferd unter dem Krummholz hin und her und dachte gar nicht daran, sich irremachen zu lassen, ließ aber durchblicken, daß es noch viel, viel schneller laufen könnte, wenn es wirklich darauf ankäme.
Nikolaj hatte die erste Troika eingeholt. Sie fuhren einen Hügel hinunter und

kamen nun auf einen breit ausgefahrenen Wiesenweg, der am Fluß entlangführte.
Wo fahren wir nur? dachte Nikolaj. Das müßte doch die Schiefwiese sein. Aber nein, das ist eine ganz andere Gegend, die ich noch niemals gesehen habe. Das ist nicht die Schiefwiese und der Djomkinahügel, sondern Gott weiß was! Das ist etwas ganz Neues und Zauberhaftes. Nun, meinetwegen, nur zu! Und er rief seinen Pferden zu und schickte sich an, den ersten Schlitten zu überholen.
Sachar hielt die Pferde etwas an und wandte sein schon bis an die Brauen bereiftes Gesicht um.
Nikolaj ließ seine Pferde laufen, was sie nur rennen konnten, Sachar streckte die Arme vor, schnalzte mit der Zunge und ließ seinen Pferden ebenfalls die Zügel schießen.
»Nun aber die Ohren steif, gnädiger Herr«, sagte er.
Immer flinker und flinker sausten die beiden Schlitten nebeneinander her, und immer schneller stampften die Beine der dahingaloppierenden Pferde. Nikolaj kam etwas vor. Sachar hielt immer noch die Arme nach vorn gestreckt und hob die eine Hand mit den Zügeln jetzt hoch.
»Mir machst du nichts vor, gnädiger Herr«, rief er Nikolaj zu.
Nikolaj ließ alle seine Pferde im Galopp dahinsausen und überholte Sachar. Die Pferde überschütteten die Gesichter der im Schlitten Sitzenden mit feinem trockenem Schnee, wilder klingelten die Glöckchen und Schellen, und die schnell dahinjagenden Beine der Pferde und die Schatten flossen zu einem wirren Chaos zusammen. Von allen Seiten hörte man das Knirschen der Kufen auf dem Schnee und das Kreischen der Frauenstimmen.
Nikolaj hielt die Pferde wieder etwas an und sah sich um. Ringsum dehnte sich dieselbe vom Mondlicht gesättigte, zauberhafte Schneefläche aus, die wie mit Sternen übersät glitzerte.
Sachar ruft mir zu, ich solle links fahren, warum denn aber links? dachte Nikolaj. Fahren wir denn wirklich zu Meljukows, und ist dies etwa schon Melju-

Kreml: der lange Ivan

kowka? Wir fahren doch Gott weiß wo und erleben Gott weiß was, aber das, was wir erleben, ist seltsam und wunderschön. Und er sah sich im Schlitten um.
»Sieh nur, einen ganz weißen Bart und ganz weiße Wimpern hat er!« sagte eine der dort sitzenden seltsamen, hübschen und fremden Gestalten mit einem feinen Bärtchen und dunklen Augenbrauen.
Das war doch, scheint's, Natascha? dachte Nikolaj. Und das ist doch Madame Schoß, oder vielleicht auch nicht? Doch was der Tscherkesse mit dem Schnurrbart dort ist, das weiß ich nicht, aber ich liebe diese Gestalt.
»Friert ihr auch nicht?« fragte er.
Sie antworteten nicht und lachten bloß. Dümmler rief ihnen aus dem hinteren Schlitten irgend etwas zu, wahrscheinlich etwas Komisches, aber man konnte nicht verstehen, was er sagte.
»Ja, ja«, riefen ein paar Stimmen lachend zurück.
Auf einmal war man in einem Zauberwald, wo schwarze Schatten und das Geglitzer von Diamanten ineinanderflossen, wo breite Marmorstufen und silberne Dächer von Märchenschlössern im Mondschein flimmerten und das gellende Kreischen wilder Tiere durch die Stille hallte.
Wenn das wirklich Meljukowka ist, so wäre das um so seltsamer, da wir ja Gott weiß wo gefahren und nun also doch noch nach Meljukowka gekommen sind, dachte Nikolaj.
Und es war wirklich Meljukowka, und Diener und Mägde kamen mit Lichtern und fröhlichen Gesichtern auf die Freitreppe hinausgelaufen.
»Wer ist das?« hörte man sie untereinander fragen.
»Das sind Maskierte vom Grafen, ich sehe es an den Pferden«, erwiderten ein paar Stimmen gleichzeitig.

Iwan Bunin

Der wahnsinnige Künstler

Golden rundete sich die Sonne im Osten, hinter der Nebelbläue der fernen Wälder, hinter der weißen verschneiten Ebene, auf welche die alte russische Stadt von ihrer Anhöhe niederblickte. Es war ein Tag vor Weihnachten, ein heiterer Morgen mit leichtem Frost und Rauhreif.

Eben war der Petrograder Zug eingetroffen. Vom Bahnhof her, bergan auf dem festgefahrenen Schnee, zockelten die Droschken, einige mit Fahrgästen, einige ohne.

In dem alten großen Hotel auf dem weiten Platz, gegenüber den alten Marktreihen, war es still und leer, war alles fürs Fest geputzt und bereitet. Gäste wurden nicht erwartet. Doch nun fuhr jemand vor – ein Herr mit Zwicker, erstaunten Augen, in einem schwarzen Samtbarett, unter dem graugrüne Locken hervorhingen, und einem langen Mantel aus glänzendem kastanienbraunem Pelz.

Der Rotbart auf dem Kutschbock ächzte, um zu bedeuten, wie durchgefroren er sei und daß ihm ein gutes Trinkgeld zustehe. Doch der Herr beachtete ihn nicht und überließ es dem Hotel, ihn zu entlohnen.

»Geben Sie mir Ihr hellstes Zimmer!« sagte er laut und schritt in dem breiten Korridor gravitätisch hinter dem jungen Zimmerkellner her, der seinen teuren ausländischen Koffer trug. »Ich bin Künstler«, fuhr er fort, »Maler, aber diesmal brauch ich kein Zimmer nach Norden. Bloß keins!«

Der Zimmerkellner öffnete weit die Tür des besten, vornehmsten Appartements, das aus einer kleinen Garderobe und zwei geräumigen Zimmern bestand. Die Fenster waren freilich verhältnismäßig klein und, da in dicke Wände eingelassen, sehr tief. Die Zimmer waren warm, behaglich und ruhig und von der Sonne, die der Rauhreif der unteren Scheiben dämpfte, bernsteingolden durchschimmert. Behutsam setzte der Zimmerkellner, ein junger Bursche mit verständigen fröhlichen Augen, den Koffer auf dem Teppich in der Garderobe ab und blieb wartend stehen, um den Paß und Aufträge entgegenzunehmen. Der Maler, zierlich, jugendlich rege, obwohl nicht mehr jung an Jahren, jetzt in Barett und Samtjacke, durchmaß das Zimmer von einer Ecke zur andern, schüttelte, indem er kurz die Brauen runzelte, den Zwicker ab und rieb sich mit den wie aus Alabaster geformten weißen Händen das blasse zermarterte Gesicht. Dann schaute er den Bediensteten eigentümlich, mit dem nichtssehenden Blick eines sehr kurzsichtigen und zerstreuten Menschen an.

»Vierundzwanzigster Dezember neunzehnhundertsechzehn!« sagte er. »Dieses Datum mußt du dir merken!«

»Sehr wohl«, antwortete der Zimmerkellner.

Der Maler zog aus der Jackentasche eine goldene Uhr und warf nach ihr, ein Auge zukneifend, einen flüchtigen Blick.

»Genau halb zehn«, fuhr er fort und drückte den Zwicker wieder auf die Nase. »Ich bin am Ziel meiner Pilgerfahrt. Ehre sei Gott in der Höhe und Friede auf Erden und den Menschen ein Wohlgefallen! Den Paß kriegst du schon noch, keine Sorge, aber erst habe ich Dringenderes zu tun. Ich muß mich beeilen. Muß rasch in die Stadt, damit ich Punkt elf wieder da bin. Ich muß das Werk meines Lebens vollenden. Mein junger Freund«, sagte er und hielt dem Zimmerkellner die Hand unter die Nase, zwei Eheringe vorweisend, von denen einer auf dem kleinen Finger steckte und ein Frauenring war, »dieser Ring ist ein Vermächtnis! – Und ich werde dieses Vermächtnis erfüllen!« ergänzte er drohend. »Ich werde ein unsterbliches Bild malen! Und es dir schenken.«

»Ergebensten Dank«, antwortete der Zimmerkellner.

»Aber, mein Guter, leider habe ich weder Leinwand noch Farbe – sie mitzubringen war durch diesen ungeheuerlichen Krieg einfach nicht möglich. Ich hoffe sie

hier zu bekommen. Und endlich werde ich all das wiedergeben, was mich zwei Jahre lang um den Verstand brachte und sich dann in Stockholm so wunderbar verklärte!«

Beim Sprechen, er sprach schrill, mit übertriebener Betonung, starrte er seinen Gesprächspartner unverwandt an.

»Die ganze Welt soll diese Offenbarung, diese frohe Botschaft vernehmen und erkennen!« rief er und fuchtelte theatralisch mit der Hand. »Hörst du? Die ganze Welt! Alle!«

»Gewiß«, antwortete der Zimmerkellner. »Ich werde es dem Wirt ausrichten.«

Der Maler zog den Mantel wieder an und wandte sich zur Tür. Der Zimmerkellner stürzte eilfertig vor und öffnete sie ihm. Der Maler nickte würdevoll und schritt in den Korridor hinaus. Auf dem Treppenabsatz blieb er stehen und fügte hinzu: »Mein Freund, es gibt kein höheres Fest auf der Welt als Weihnachten. Und es gibt kein größeres Geheimnis auf der Welt als die Geburt des Menschen. Der letzte Moment der blutigen alten Welt! Geboren wird der neue Mensch!«

Inzwischen war es ganz Tag geworden, ganz sonnig. Der Rauhreif an den Telegraphendrähten, der sich zartblau vom tiefen Himmel abzeichnete, war schon körnig und rieselte herab. Auf dem Platz standen dunkelgrüne Tannen, viele, ein ganzer Wald. An den Metzgerbuden lehnten die gefrorenen weißen Leiber gesengter Schweine, deren dicke Nacken aufgeschnitten waren, hingen graue Haselhühner, gerupfte Gänse, kältestarre fette Puten. Fußgänger hasteten vorbei, in laute Unterhaltung vertieft, Kutscher hieben auf zottige Pferde ein, Kufen quietschten.

»Ich erkenne dich wieder, Rußland!« sagte der Maler laut, als er über den Platz schritt, und betrachtete die stramm gegürteten, dick vermummten lebhaften Händler und Händlerinnen, die ihre Auslagen, selbstgeschnitztes hölzernes Spielzeug und große weiße Pfefferkuchen in Form von Pferden, Hähnen und Fischen, lauthals anpriesen.

Er rief eine freie Schlittendroschke und befahl, zur Hauptstraße zu fahren.

»Aber hurtig, um eins muß ich daheim, an der Arbeit sein«, sagte er, stieg in den kalten Schlitten und zog die derbe schwere Decke über die Knie.
Der Kutscher nickte, gab seinem wohlgenährten Wallach die Peitsche, und schon stoben sie auf der blitzenden glattgefahrenen Straße dahin.
»Schneller, schneller!« drängte der Maler. »Um zwölf ist die beste Sonne. – Tja«, murmelte er umherblickend, »alles bekannt, nur gründlich vergessen! Wie heißt diese Piazza?«
»Was belieben der Herr?« fragte der Kutscher.
»Ich habe dich gefragt, wie dieser Platz heißt«, rief der Maler in plötzlicher Wut. »Halt an, Taugenichts! Wieso fährst du mich zur Kapelle? Kirchen und Kapellen machen mir angst! Halt an, Menschenskind! Du weißt, ein Finne hat mich mal zum Friedhof gefahren, da habe ich auf der Stelle an den König und den Papst geschrieben, und er wurde zum Tode verurteilt! Bring mich zurück!«
Der Kutscher zügelte das trabende Pferd hart und drehte sich verwundert um.
»Wohin befehlen der Herr denn nun? Sagte er nicht, zur Hauptstraße?«
»Ich sagte, zum Geschäft für Künstlerutensilien.«
»Der Herr hätten einen andern mieten sollen, wir verstehen ihn nicht.«
»Ach, scher dich zum Teufel! Da – deine Silberlinge!«
Und der Maler warf dem Kutscher ein Dreirubelstück hin, stieg unbeholfen aus und ging zurück, mitten auf der Straße. Sein Mantel war offen und schleifte im Schnee, seine Augen, qualerfüllt, konfus, irrten nach allen Seiten. Dann ging er auf ein Geschäft zu, in dessen Schaufenster er vergoldete Leisten sah, und trat ein. Doch kaum hatte er etwas von Farben gesagt, fiel ihm das rotwangige Fräulein in Pelzjacke, das an der Kasse saß, ungehalten ins Wort: »Ach nein, Farben führen wir nicht. Wir haben nur Rahmen, Leisten und Tapeten. Und überhaupt, Leinwand und Ölfarbe werden Sie in unserer Stadt wohl kaum auftreiben.«
Der Maler griff sich entsetzt an den Kopf.
»Mein Gott, wirklich nicht? Ach, wie furchtbar! Jetzt, gerade jetzt sind Farben für mich eine Frage von Leben und Tod! Meine Idee – schon in Stockholm war

sie ausgereift, und wenn sie erst umgesetzt ist, wird sie unerhörten Eindruck machen. Ich muß die Heilige Grotte malen, die Christnacht, muß das ganze Bild – die Krippe, den Knaben, die Madonna und den Löwen und das Lämmlein, die neben ihnen ruhen, ja, neben ihnen, unbedingt! – mit solch einem Engelsjubel erfüllen, solch einem Licht, daß es tatsächlich die Geburt des neuen Menschen wird. Nur ist es bei mir in Spanien, in dem Land, wohin uns unsere erste Reise führte, die Hochzeitsreise. In der Ferne blaue Berge, davor Hügel mit blühenden Bäumen, am Himmel, der sich aufgetan hat…«

»Entschuldigen Sie, mein Herr«, sagte das Fräulein erschrocken, »es können Kunden kommen. Wir haben nur Rahmen, Leisten und Gobelintapeten…«

Der Maler zuckte zusammen und lüftete übertrieben höflich das Barett. »Oh, verzeihen Sie um Gottes willen! Sie haben recht, tausendmal recht…«

Und er stürzte hinaus.

Im Geschäft »Wissen« ein paar Häuser weiter kaufte er einen großen Bogen Zeichenkarton, Buntstifte und Aquarellfarben. Dann sprang er wieder in eine Droschke und jagte zum Hotel zurück. Im Hotel klingelte er gleich. Der Zimmerkellner von vorhin erschien. Der Maler reichte ihm den Paß. »Hier!« sagte er. »So gebet dem Kaiser, was des Kaisers ist. Aber dann, mein Guter, mußt du mir ein Glas Wasser bringen, fürs Aquarell. Ölfarben gibt es ja leider Gottes nicht. Der Krieg! Dieses eiserne Jahrhundert! Dieses Grottenjahrhundert!«

Er überlegte und strahlte plötzlich auf.

»Doch was für ein Tag! Gott, welch ein Tag! Zu Mitternacht wird der Heiland geboren! Der Erlöser! So will ich denn auch das Bild unterschreiben: ›Die Geburt des Neuen Menschen!‹ Die Madonna male ich nach ihr, deren Name von nun an geheiligt sei. Ich lasse sie auferstehen, die getötet wurde von einer bösen Macht, getötet zusammen mit dem neuen Leben, das sie unterm Herzen getragen hatte!«

Der Zimmerkellner erklärte nochmals seine uneingeschränkte Bereitschaft, zu Diensten zu stehen, und ging. Doch als er nach wenigen Minuten mit einem

Glas und einer Karaffe voll Wasser wiederkam, lag der Maler in tiefem Schlaf. Er lag auf dem Bett im Schlafzimmer, lang hingestreckt, hoch auf Kissen, den Kopf zurückgelegt, daß sein graugrünes Haar breit herabhing, reglos, still, nicht einmal sein Atem war zu hören. Der Zimmerkellner entfernte sich auf Zehenspitzen und prallte hinter der Tür auf den Wirt, einen untersetzten Mann mit Bürstenschnitt und stechenden Augen.

»Nun?« raunte der Wirt.

»Er schläft«, sagte der Zimmerkellner.

»O Wunder!« sagte der Wirt. »Aber der Paß ist in Ordnung. Da steht nur vermerkt, daß seine Frau gestorben ist. Iwan Matwejitsch von der Polizei rief an – wir sollen auf ihn aufpassen. Also die Ohren gespitzt! Kriegszeiten, mein Lieber!«

»Er sagt, ich schenke es dir, laß es mich nur erst machen«, sagte der Zimmerkellner. »Den Samowar hat er nicht verlangt ...«

»So, so!« Der Wirt nickte und legte das Ohr an die Tür.

Doch drinnen regte sich nichts, war nur jene trübselige Stille, wie sie stets im Zimmer eines Schlafenden waltet.

Allmählich schwand die Sonne in den Fenstern. Und verschwand schließlich ganz. Der Rauhreif wurde grau und trist. Als es dämmerte, wachte der Maler plötzlich auf und stürzte zur Klingel.

»Entsetzlich!« rief er dem eintretenden Zimmerkellner entgegen. »Du hast mich nicht geweckt! Dabei hatten wir unsere schreckliche Odyssee allein um dieses Tages willen unternommen. Stell sie dir aber nur vor, schwanger im achten Monat! Tausenderlei Schranken hatten wir passiert, hatten weder geschlafen noch gegessen, fast sechs Wochen lang. Und das Meer! Und dieses wahnsinnige Schaukeln! Und die ewige Angst, man fliegt in die Luft, ehe man sich's versieht! ›Alle an Deck! Rettungsringe bereit! Wer zur Schaluppe läuft ohne Kommando, kriegt eins über den Schädel!‹«

»Sehr wohl«, sagte der Zimmerkellner, verdutzt über das wilde Geschrei.

»Und was war das für ein frohes Licht!« fuhr der Maler wieder besänftigt fort. »Bei einer Stimmung wie damals hätte ich die Arbeit in zwei, drei Stunden geschafft. Aber was hilft's! Ich werde die ganze Nacht arbeiten. Nur faß mit zu, einiges vorzubereiten. Der Tisch hier ist gut, denke ich ...«

Er trat zum Sofatisch, nahm die Samtdecke ab, ruckelte an ihm.

»Er steht einigermaßen fest. Aber jetzt das: Hier sind nur zwei Kerzen. Bring noch acht, sonst kann ich nicht malen. Ich brauche ein Meer von Licht!«

Der Zimmerkellner ging und kam nach einer geraumen Weile mit sieben Kerzen in verschiedenen Haltern wieder.

»Eine weniger, alle sind auf den Zimmern«, sagte er.

Wieder regte sich der Maler auf, wieder schrie er: »Ach, wie dumm! Zehn brauche ich, zehn! Auf Schritt und Tritt Hindernisse, Niedertracht! Hilf mir wenigstens den Tisch in die Mitte rücken. Genau hierhin. Verstärken wir das Licht mit Spiegeln ...«

Der Zimmerkellner schleppte den Tisch an den benannten Platz und rückte ihn zurecht, bis er fest stand.

»Jetzt was Weißes drauf, was das Licht nicht verschlingt«, murmelte der Maler, linkisch helfend, fortwährend von seinem Zwicker gestört, der immer wieder von der Nase fiel. »Was aber? Weiße Tischdecken machen mir angst ... Pah, ich habe einen Stoß Zeitungen, vorsichtshalber nicht weggeworfen.«

Er öffnete den auf dem Fußboden liegenden Koffer, nahm ein paar Zeitungen heraus, breitete sie über den Tisch und heftete sie mit Reißzwecken an, dann legte er die Stifte und die Palette bereit, stellte die neun Kerzen der Reihe nach auf und zündete sie an. Das Zimmer bekam ein seltsames, festliches und zugleich unheimliches Aussehen. Die Fenster wurden schwarz. Die Kerzen, vom Spiegel über dem Sofa reflektiert, legten auf das ernste, weiße Gesicht des Malers und das besorgte junge Gesicht des Zimmerkellners einen grellgoldnen Schein. Als endlich alles Nötige getan war, zog sich der Zimmerkellner ehrfürchtig zur Tür zurück und fragte: »Speisen werden Sie wohl bei uns – oder woanders?«

Der Maler lachte bitter und theatralisch. »Kind! Er glaubt, ich könnte essen in einem solchen Augenblick! Zieh in Frieden, mein Freund. Du bist frei bis morgen früh.«

Behutsam ging der Zimmerkellner hinaus.

Die Stunden verrannen. Der Maler schritt auf und ab, murmelte: »Ich muß mich einstimmen.« Durch die Fenster blickte schwarz die Winternacht. Er ließ die Stores herunter. Hinter der Tür tappten verstohlene Schritte – jemand belauschte, beobachtete ihn durchs Schlüsselloch. Dann verloren sich auch die Schritte. Die Kerzen flammten, flackerten, ebenso ihre Spiegelbilder. Das Gesicht des Malers wurde immer grämlicher.

»Nein!« rief er plötzlich und blieb abrupt stehen. »Erst muß ich mir ihre Züge ins Gedächtnis rufen. Weg, kindische Angst!«

Er beugte sich über den Koffer, daß sein Haar über die Stirn fiel. Er tastete unter die Wäsche, zog ein kleines weißes Samtalbum hervor und ließ sich im Sessel vor dem Tisch nieder. Das aufgeschlagene Album vor sich, hob er entschlossen und stolz den Kopf und verharrte in andächtiger Betrachtung.

Im Album war ein großes Foto: der Innenraum einer Kapelle mit Gewölbebögen und kahlen Steinwänden; in der Mitte, auf einem mit Trauerstoff bespannten Podest, ein langer offener Sarg; in ihm lag eine magere Frau mit geschlossenen gewölbten Lidern. Ihr schmaler schöner Kopf war mit einer Blumengirlande umwunden, hoch auf der Brust ruhten die gefalteten Hände. Am Kopfende des Sargs standen drei Kirchenleuchter, am Fußende stand ein zweiter Sarg, ein winziger, mit einem Säugling, der wie eine Puppe aussah.

Lange fixierte der Maler die scharfen Züge der Verstorbenen. Plötzlich verzerrte sich sein Gesicht vor Entsetzen. Er ließ das Album auf den Teppich fallen, sprang zum Koffer und begann in ihm zu wühlen, durchwühlte ihn von vorn bis hinten, schleuderte Hemden, Socken und Halstücher heraus. Nein, was er suchte, war nicht da. Verzweifelt blickte er sich im Zimmer um und rieb sich die Stirn ...

»Ein halbes Leben für einen Pinsel!« rief er heiser und stampfte mit dem Fuß

auf. »Vergessen, vergessen, Unglückseliger! Such, sieh noch mal nach! Laß ein Wunder geschehen!«
Aber es war kein Pinsel da. Er kramte in den Jackentaschen, fand ein Federmesser und lief zum Mantel ... Vielleicht sollte er ein Pelzbüschel abschneiden und es mit einem Faden an einer Feder oder einem Stift befestigen? Wo aber einen Faden herkriegen? Es ist Nacht, alles schläft ... Man würde ihn für verrückt halten. Wütend nahm er den Karton vom Sofa und klatschte ihn auf den Tisch. Dann rannte er ins Schlafzimmer, holte Kissen, legte sie auf den Sessel, um höher zu sitzen, und vertiefte sich, bald nach diesem, bald nach jenem Buntstift greifend, immer selbstvergessener in seine Arbeit.
Er malte ununterbrochen, ohne Pause. Er saß tief über den Tisch gebeugt – den Zwicker hatte er abgenommen – und warf feste, sichere Striche hin; zuweilen lehnte er sich kurz zurück und starrte in den Spiegel, in dessen grellem Nebel unzählige bunte Lichter flimmerten. Von der Hitze der Kerzen wurde sein Schläfenhaar feucht und klebte an, die Halsadern schwollen vor Anspannung. Seine Augen tränten und brannten, die Gesichtszüge traten immer schärfer hervor.
Schließlich sah er, daß die Malfläche hoffnungslos verschandelt war – mit kunterbunten Gebilden überladen, die sich in Idee und Ausführung völlig widersprachen: Seine erhitzte Phantasie hatte sich seinen Absichten widersetzt, hatte etwas ganz anderes hervorgebracht, als er wollte. Er drehte den Karton um, nahm den dunkelblauen Stift und saß eine Weile versunken. Neben seinem Sessel lag das aufgeschlagene Album. Schmerzhaft trafen seine Augen den langen Sarg und das tote Gesicht. Hastig klappte er das Album zu. Aus der Wäsche im Koffer lugte ein umflochtenes Fläschchen Kölnischwasser. Er sprang auf, schraubte mit nervösen Fingern den Deckel ab, setzte es an den Mund und leerte es bis auf den letzten Tropfen. Nach Luft ringend, verbrannt von der duftenden Flamme, mit lodernder Kehle, begann er wieder auf und ab zu gehen.
Und da erwachte in ihm eine jugendliche Kraft – Mut und Entschlossenheit, Vertrauen auf jeden seiner Gedanken, jedes seiner Gefühle, die Gewißheit, alles

zu können, alles zu wagen, alle Zweifel und Schranken zu überwinden. Hoffnung und Freude beflügelten ihn. Ihm war, als ob all die finsteren, dämonischen, wie schwarze Wogen sein Herz überflutenden Bedrängnisse plötzlich von ihm wichen. Hosianna! Gelobt sei, der da kommt im Namen des Herrn!
Und mit erschütternder, nie erlebter Klarheit erstand allein das vor seinem geistigen Auge, wonach sein Herz strebte. Das Herz ist nicht Sklave, sondern Schöpfer des Lebens, sprach er bei sich.
Und der Himmel tat sich ihm auf, sein ewiges Licht verströmend, verklärt von Edens Lasur und wundersamen, wenn auch verworrenen Wolken; aus der unheimlichen liturgischen Pracht dieses Himmels strahlten die lichten Antlitze und Flügel unzähliger jubilierender Engel hervor; und inmitten dieser gigantischen regenbogenfarbenen Visionen ragte Gottvater – drohend und freudenreich, allgütig und triumphierend wie in den Tagen der Schöpfung; und eine Jungfrau erschien der Welt, ein Mädchen von unsagbarer Schönheit, in den Augen die Glückseligkeit der jungen Mutter, stehend auf Wolkenschwaden, durch welche die Bläue der Erde blickte, der ganzen unter ihr hingebreiteten irdischen Weite; und hoch auf den göttlichen Armen hielt sie den Knaben, der wie die Sonne glänzte, und der wilde herkulische Johannes, mit einem Tierfell geschürzt, kniete zu ihren Füßen und küßte in inbrünstiger Liebe, Sanftmut und Dankbarkeit den Saum ihres Gewandes…
Von neuem stürzte der Maler sich in die Arbeit. Die Stifte brachen ab, und in fieberhafter Eile, mit zitternden Händen spitzte er sie wieder. Die Kerzen, niedergebrannt, schwimmend im Wachs, das auf die glühenden Halter tropfte, loderten immer heißer vor seinem Gesicht, über dessen Wangen nasse Haarsträhnen hingen.
Um sechs drückte er auf den Klingelknopf, klingelte wie besessen: Geschafft, es war geschafft! Dann rannte er zum Tisch, stellte sich vor ihm auf und wartete klopfenden Herzens auf den Zimmerkellner. Jetzt war er so blaß, so unendlich bleich, daß seine Lippen schwarz wirkten. Seine Jacke war von den bunten Stift-

krümeln beschmiert und bestäubt. In seinen dunklen Augen brannten übermenschliches Leid und grimmiges Entzücken.
Niemand kam. Totenstille ringsum. Er aber stand und wartete, ganz Lauschen, ganz Erwartung. Gleich wird er da sein, der Zimmerkellner, gleich die Tür aufreißen und hereinstürmen, und er, ein Schöpfer, der sein Werk vollendet, sein Herz nach dem Willen der Gottheit ausgeschüttet hat, wird die schrecklichen und siegreichen Worte zu ihm sagen: »Bitte. Das schenke ich dir.«
Und nahe daran, von seinem Herzschlag ohnmächtig zu werden, hielt er den Kartonbogen umklammert. Auf dem Karton aber, der bis in alle Ecken bunt ausgemalt war, ballten sich jene ungeheuerlichen Visionen, die die Phantasie ihm abgerungen hatte, seine leidenschaftlichen Träume durchkreuzend. Ein wüster blauschwarzer Himmel, rot überstrahlt von den Feuersbrünsten, den blutigen Flammen rauchender, einstürzender Tempel, Paläste und Wohnstätten. Sich schwarz abhebend von diesem glutgeladenen Hintergrund – Folterbänke, Schafotte und Galgen mit Erhängten. Und über allem, diesem ganzen Meer von Feuer und Rauch, ragt erhaben, dämonisch ein mächtiges Kreuz mit dem Dulder, der, blutüberströmt, zerschunden, weit und ergeben, längs der Querbalken die Arme ausgebreitet hält. Der Tod in Harnisch und gezackter Krone, das Totengebiß gebleckt, ist herangesprungen und hat seinen eisernen Dreizack in die Brust des Gekreuzigten gerammt. Doch unten im Bild – ein wüster Haufen von Toten und das Gebalge, Gebeiß und Gemetzel der Lebenden, ein grausiges Ineinander von nackten Leibern, Armen, von Gesichtern. Und diese Gesichter, urmenschliche Gesichter mit gefletschten Zähnen und stieren, aus den Höhlen getretenen Augen, sind so gräßlich und grob, so verzerrt von Haß, Bosheit und der Lust am Brudermord, daß man sie eher für Gesichter von Tieren, Teufeln halten könnte als für Menschengesichter.

Fjodor Dostojewskij

Der Christbaum und die Hochzeit

Kürzlich sah ich eine Hochzeit ... aber nein! Ich will lieber von einem Christbaum erzählen. Die Hochzeit war schön; sie hat mir sehr gefallen, aber die andere Begebenheit ist schöner. Ich weiß nicht, wieso mir bei der Erinnerung an diese Hochzeit der Christbaum einfällt. Es trug sich so zu.

Vor genau fünf Jahren wurde ich am Vorabend des neuen Jahres zu einem Kinderball eingeladen. Der Gastgeber war eine bekannte Persönlichkeit mit Beziehungen, Bekanntschaften und Intrigen, so daß man annehmen konnte, daß dieser Kinderball nur ein Vorwand für die Eltern sei, um zusammenzukommen und gewisse interessante Dinge in harmloser, scheinbar unbeabsichtigter Weise zu besprechen. Ich war ein Außenstehender; Gesprächsstoff hatte ich keinen, und so verbrachte ich den Abend ziemlich ungestört. Es war noch ein Herr da, der scheint's weder Namen noch Rang hatte und gleich mir nur zufällig in dieses allgemeine Familienglück geraten war... Er stach mir vor allen anderen in die Augen. Er war ein großer hagerer Mann, sehr ernst, sehr gut gekleidet. Aber man sah ihm an, daß ihm wenig an dem Vergnügen und Familienglück gelegen war; wenn er in eine Ecke ging, hörte er sofort auf zu lächeln und runzelte die dichten, schwarzen Brauen. Gekannt hatte er außer dem Hausherrn keine lebende Seele auf dem Ball. Man sah ihm an, daß er sich schrecklich langweilte, aber bis zum Schluß tapfer die Rolle eines animierten und glücklichen Menschen spielte.

Ich erfuhr später, daß dieser Herr aus der Provinz sei, irgendeine entscheidende, halsbrecherische Angelegenheit in der Hauptstadt zu erledigen habe, unserem

Gastgeber einen Empfehlungsbrief gebracht habe, dieser ihn keineswegs gerne unterstütze und ihn nur aus Höflichkeit zu einem Kinderball eingeladen habe. Karten wurden nicht gespielt, Zigarren wurden ihm nicht angeboten, ins Gespräch ließ sich niemand mit ihm ein, da man den Vogel vielleicht schon von weitem an den Federn erkannte, und so blieb dem Herrn nichts weiter übrig, als den ganzen Abend, um die Hände irgendwie zu beschäftigen, seinen Backenbart zu streichen. Backenbart hatte er tatsächlich einen sehr schönen. Aber er strich ihn mit einer Sorgfalt, daß man, wenn man ihn beobachtete, tatsächlich annehmen konnte, es sei zunächst nur dieser Backenbart dagewesen und erst später ein Herr dazugeschaffen worden, um ihn zu streichen.

Außer dieser Gestalt, die in der oben beschriebenen Weise an dem Familienglück des Hausherrn teilnahm, der fünf dicke muntere Knaben hatte, gefiel mir noch ein anderer Herr. Dieser war jedoch von ganz anderem Typus. Er war eine Persönlichkeit. Er hieß Julian Mastakowitsch. Vom ersten Augenblick an konnte man sehen, daß er ein geachteter Gast war und zum Hausherrn in demselben Verhältnis stand wie dieser zu dem Herrn, der sich den Backenbart strich. Der Hausherr und dessen Frau sagten ihm eine Menge Liebenswürdigkeiten, bemühten sich um ihn, nötigten ihn zum Essen und Trinken, stellten ihm zur Empfehlung ihre Gäste vor, während sie ihn selber niemandem vorstellten. Ich bemerkte, wie im Auge des Gastgebers eine Träne glänzte, als Julian Mastakowitsch sagte, er habe seine Zeit selten auf so angenehme Weise verbracht wie heute. Mir wurde die Gegenwart einer so hochgestellten Persönlichkeit nachgerade unheimlich, und daher ging ich, nachdem ich mich eine Weile über die Kinder gefreut hatte, in den kleinen Salon, der völlig menschenleer war, und setzte mich in den Efeuwinkel der Hausfrau, der fast die Hälfte des Zimmers einnahm.

Die Kinder waren lieb bis zur Unwahrscheinlichkeit und wollten entschieden nicht den »Großen« ähnlich sein, ungeachtet aller Vorstellungen der Gouvernanten und Muhmen. Sie hatten im Nu den Christbaum bis zum letzten Kon-

fekt geplündert und bereits Zeit gefunden, die Hälfte der Spielsachen zu zerbrechen, ehe sie überhaupt wußten, welches ihnen gehörte. Besonders hübsch war ein schwarzäugiger Knabe mit einem Lockenkopf, der mich fortwährend mit seinem Holzgewehr zu erschießen drohte. Doch am meisten fiel mir seine Schwester auf, ein Mädchen von etwa elf Jahren, lieblich wie ein Amor, ein stilles, nachdenkliches, blasses Kind mit großen träumerischen, etwas vorstehenden Augen. Die Kinder hatten es irgendwie gekränkt, und deshalb zog es sich in denselben kleinen Salon zurück, in dem ich saß, und machte sich in einem Winkel mit seiner Puppe zu schaffen. Die Gäste zeigten respektvoll auf einen reichen Branntweinpächter, ihren Vater, und jemand bemerkte flüsternd, daß schon dreihunderttausend Rubel Mitgift für sie zurückgelegt seien.
Ich sah mich um und konnte feststellen, wer sich so für diese Angelegenheit interessierte. Mein Blick fiel auf Julian Mastakowitsch, der, die Hände auf dem Rücken verschränkt und den Kopf ein wenig zur Seite geneigt, dem Geschwätz dieser Herrschaften mit gespannter Aufmerksamkeit zuhörte. Dann konnte ich nicht umhin, die Weisheit der Gastgeber zu bewundern, die in der Verteilung der Geschenke unter die Kinder zum Ausdruck kam. Dies Mädchen, das schon eine Mitgift von dreihunderttausend Rubel hatte, bekam eine äußerst kostbare Puppe. Dann folgten wertmindere Geschenke – genau im Verhältnis zum verminderten Rang der Eltern aller dieser glücklichen Kinder. Schließlich bekam das letzte Kind, ein etwa zehnjähriger, magerer, kleiner, sommersprossiger, rothaariger Junge, nichts als ein Buch mit Geschichten, in denen von der Größe der Natur, von Tränen der Rührung und ähnlichen Dingen die Rede war, ohne Bilder, ja sogar ohne Titelvignette. Es war der Sohn der Gouvernante der Kinder unseres Gastgebers, einer sehr armen Witwe, ein äußerst verschüchterter und ängstlicher Knabe. Bekleidet war er mit einer Jacke aus armseligem Nankingstoff. Als er sein Buch erhalten hatte, ging er lange um die anderen Geschenke herum; er hätte schrecklich gerne mit den anderen Kindern gespielt, getraute sich aber nicht; man sah ihm an, daß er seine Lage schon fühlte und verstand.

Ich beobachte Kinder sehr gerne. Sehr interessant ist ihre erste selbständige Betätigung im Leben. Ich bemerkte, daß der rothaarige Junge so sehr von den reichen Geschenken der anderen Kinder bezaubert war, vor allem vom Theater, bei dem er durchaus irgendeine Rolle spielen wollte, daß er sogar zu kriechen beschloß. Er lächelte und spielte mit den anderen Kindern, er schenkte seinen Apfel einem dicken Knaben, der einen ganzen Sack voll Naschwerk hatte, und ließ sogar einen auf seinem Rücken reiten, nur damit man ihn nicht vom Theater wegtreibe. Aber eine Minute später wurde er von einem unartigen Schlingel gründlich verprügelt. Das arme Kind wagte nicht zu weinen. Da erschien die Gouvernante, seine Mutter, und befahl ihm, die anderen Kinder beim Spielen nicht zu stören. Das Kind begab sich in denselben Salon, in welchem das Mädchen war. Es ließ ihn zu sich heran, und beide begannen mit Eifer die kostbare Puppe zu putzen.

Ich saß schon seit einer halben Stunde in dem Efeuwinkel und war über dem Geschwätz des rothaarigen Jungen und der Schönen mit den dreihunderttausend Rubel Mitgift fast eingeschlafen, als Julian Mastakowitsch ins Zimmer trat. Er hatte sich die skandalöse Zankerei der Kinder zunutze gemacht und war leise aus dem Saal geschlichen. Ich hatte bemerkt, daß er eine Minute vorher mit dem Vater der künftigen glänzenden Partie sehr lebhaft gesprochen hatte. Er hatte den Herrn eben erst kennengelernt und unterhielt sich mit ihm sehr eingehend über den Vorzug des Dienstes in einem Ressort gegenüber dem in einem anderen. Jetzt stand er sinnend da und schien etwas an den Fingern abzuzählen.

»Dreihundert ... dreihundert ...«, flüsterte er. »Elf ... zwölf ... dreizehn ... sechzehn! Noch fünf Jahre! Nehmen wir vier Prozent an – zwölf mal fünf ist sechzig; zu diesen sechzig kommen also ... sagen wir in fünf Jahren – vierhundert. Also ... aber er rechnet ja nicht mit vier Prozent, der Schuft! Er nimmt vielleicht acht, wo nicht gar zehn Prozent. Nun, also fünfhunderttausend werden es sicher; dazu kommt dann ein kleiner Überschuß als Nadelgeld ... Hm ...«

Er brach seine Betrachtung ab, schneuzte sich und wollte schon aus dem Zimmer gehen, als er plötzlich das kleine Mädchen erblickte und stehenblieb. Mich sah er hinter den Pflanzen nicht. Er schien sehr erregt zu sein. Ob nun die Ergebnisse seiner Berechnungen so auf ihn wirkten oder etwas anderes – er rieb sich die Hände und konnte nicht ruhig stehen. Diese Erregung stieg bis zum Nonplusultra, als er stehenblieb und einen zweiten entschiedenen Blick auf die künftige Partie warf. Dann wollte er einen Schritt vorwärts machen, sah sich aber erst im Zimmer um. Dann ging er auf Zehenspitzen, wie wenn er sich schuldig fühlte, auf das Kind zu. Er lächelte die Kleine an, beugte sich über sie und küßte sie auf den Scheitel. Sie war auf den Überfall nicht gefaßt und schrie erschreckt auf.

»Was machen Sie denn hier, mein liebes Kind?« fragte er flüsternd, sich umschauend und der Kleinen die Wange tätschelnd.

»Wir spielen ...«

»Ah! Mit dem da?« Julian Mastakowitsch warf einen schrägen Blick auf den Knaben.

»Du solltest doch in den Saal gehen, mein Lieber«, sagte er zu ihm.

Der Knabe schwieg und sah ihn mit weit geöffneten Augen an. Julian Mastakowitsch sah sich wieder im Kreis um und beugte sich zu dem kleinen Mädchen.

»Was haben Sie denn da, mein liebes Kind? Wohl eine Puppe?« fragte er.

»Eine Puppe«, sagte die Kleine und runzelte etwas verlegen die Stirn.

»Eine Puppe ... Und wissen Sie, liebes Kind, woraus diese Puppe gemacht ist?«

»Ich weiß nicht«, sagte das Mädchen leise und mit traurig gesenktem Köpfchen.

»Aus Lappen, mein Herzchen. Du solltest doch in den Saal zu deinen Kameraden gehen, mein Junge«, sagte Julian Mastakowitsch und sah das Kind streng an. Das Mädchen und der Knabe machten erschrockene Gesichter und faßten sich bei den Händen. Sie wollten sich nicht trennen.

»Und wissen Sie, warum man Ihnen die Puppe geschenkt hat?« fragte Julian Mastakowitsch, die Stimme immer mehr senkend.

»Ich weiß nicht.«

»Deshalb, weil Sie die ganze Woche ein liebes und artiges Kind gewesen sind.«
Hier sah sich Julian Mastakowitsch in höchster Aufregung wieder um und fragte, die Stimme noch mehr senkend, ganz leise, kaum hörbar, zitternd vor Erregung und Ungeduld: »Und werden Sie mich auch liebhaben, gutes Kind, wenn ich zu Ihren Eltern auf Besuch komme?«
Nachdem Julian Mastakowitsch das gesagt hatte, wollte er das liebe Mädchen noch einmal küssen, aber der rothaarige Knabe, der sah, daß es anfangen wollte zu weinen, faßte es an der Hand und fing aus reiner Teilnahme für sie auch an zu weinen. Julian Mastakowitsch wurde ernsthaft böse.
»Geh fort, geh fort von hier, geh fort!« rief er dem Knaben zu. »Geh in den Saal! Geh hin zu deinen Kameraden!«
»Nein, nicht nötig, nicht nötig! Gehen Sie fort!« sagte das Mädchen, »lassen Sie ihn in Ruhe! Lassen Sie ihn in Ruhe!« sagte sie, nun schon fast weinend.
Jemand erschien in der Tür. Julian Mastakowitsch richtete sofort seinen majestätischen Korpus auf und erschrak. Aber der rothaarige Knabe erschrak noch mehr als Julian Mastakowitsch. Er ließ das Mädchen stehen und schlich leise an der Wand entlang aus dem Salon ins Speisezimmer. Um keinen Verdacht zu wecken, begab sich Julian Mastakowitsch ebenfalls ins Speisezimmer. Er war rot wie ein Krebs, und als er einen Blick in den Spiegel warf, schien er sich vor sich selbst zu schämen. Es war ihm vielleicht peinlich, daß er so hitzig und so ungeduldig gewesen war. Vielleicht hatte ihn beim Abzählen an den Fingern das Ergebnis so verblüfft, so bezaubert und begeistert, daß er bei all seiner Würde beschloß, wie ein Bube zu handeln und seine Beute ohne weiteres zu apportieren, obgleich diese Beute ihm frühestens in fünf Jahren zufallen konnte. Ich folgte dem ehrenwerten Mann ins Speisezimmer und gewahrte ein seltsames Schauspiel. Julian Mastakowitsch, ganz rot vor Wut und Ärger, drang auf den armen Knaben ein, der vor Angst nicht wußte, wo er hinsollte, und sich immer weiter zurückzog.
»Geh weg! Was machst du hier? Geh weg, du Taugenichts! Du willst wohl Obst

stehlen, wie? Hinaus mit dir, du Taugenichts, hinaus, du Rotznase! Geh zu deinen Kameraden!«

Der entsetzte Knabe entschloß sich in seiner Angst zu einem verzweifelten Mittel und versuchte unter den Tisch zu kriechen. Da zog sein Verfolger in äußerster Wut sein langes Batisttuch aus der Tasche und trieb den Jungen damit unter dem Tisch hervor.

Es muß gesagt werden, daß Julian Mastakowitsch etwas dick war. Er war ein satter, rotbackiger, rundlicher Mann mit einem netten Bäuchlein und dicken Oberschenkeln, festgefügt wie eine kräftige Walnuß. Er war in Schweiß geraten, ganz rot im Gesicht und schnaufte. Schließlich geriet er fast in Raserei, so groß war in ihm das Gefühl der Empörung und vielleicht auch (wer weiß es?) seiner Eifersucht! Ich fing aus vollem Hals zu lachen an. Julian Mastakowitsch drehte sich um und geriet, ungeachtet seiner ganzen Würde, in Verlegenheit. In diesem Augenblick kam aus der gegenüberliegenden Tür der Hausherr. Der Knabe kroch unter dem Tisch hervor und wischte sich Knie und Ellbogen. Julian Mastakowitsch beeilte sich, sein Taschentuch an die Nase zu halten, das er an einem Zipfel in der Hand hielt.

Der Hausherr sah uns drei etwas befremdet an; doch als Mann von Welt, der das Leben kennt und es von einem ernsten Standpunkt aus betrachtet, nutzte er sofort die Gelegenheit, daß er seinen Gast allein antraf.

»Das ist jener Knabe«, fing er an, auf den kleinen Rotkopf zeigend, »für den Sie zu bitten ich die Ehre hatte ...«

»Ah!« sagte Julian Mastakowitsch, der noch nicht ganz zu sich gekommen war.

»Der Sohn der Erzieherin meiner Kinder«, fuhr der Hausherr in bittendem Ton fort, »eine arme Frau, Witwe, Gattin eines ehrenwerten Beamten; und daher ... wenn es irgend möglich ist, Julian Mastakowitsch ...«

»Ach nein, nein«, schrie Julian Mastakowitsch hastig, »nein, entschuldigen Sie, Filipp Alexejewitsch, aber das geht wirklich nicht. Ich habe mich erkundigt, es sind keine Vakanzen vorhanden, und wenn es auch eine gäbe, so sind doch schon ein Dutzend Kandidaten da, die viel mehr Rechte darauf haben als er... Bedaure sehr, aber...«

»Schade«, sagte der Hausherr, »es ist ein so stiller, bescheidener Knabe...«

»Ein ziemlicher Schlingel, wie ich bemerkt zu haben glaube«, sagte Julian Mastakowitsch, und sein Mund verzog sich hysterisch. »Geh zu deinen Altersgenossen, Knabe, was stehst du da!« sagte er, sich an das Kind wendend.

Hier konnte er sich anscheinend nicht mehr beherrschen und schielte mit einem Auge zu mir herüber. Ich konnte mich auch nicht beherrschen und lachte ihm schallend ins Gesicht. Julian Mastakowitsch drehte sich sofort weg und fragte den Hausherrn ziemlich laut, so daß ich es hören konnte, wer dieser sonderbare junge Mensch sei. Sie fingen an zu flüstern und gingen zusammen aus dem Zimmer.

Ich sah dann, wie Julian Mastakowitsch dem Hausherrn mit ungläubiger Miene zuhörte und den Kopf schüttelte.

Nachdem ich mich sattgelacht hatte, ging ich in den Saal zurück. Da stand der große Mann, umringt von Vätern und Müttern, dem Hausherrn und seiner Gattin, und redete eifrig auf eine Dame ein, der man ihn eben vorgestellt hatte. Die Dame hielt das kleine Mädchen an der Hand, mit dem Julian Mastakowitsch vor zehn Minuten die Szene im Salon gehabt hatte. Jetzt erging er sich in entzückten Lobpreisungen der Schönheit, der Talente, der Grazie und der Wohlerzogenheit des lieben Kindes. Er warb ganz offenkundig um die Gunst der Mama. Die Mutter hörte ihm fast mit Tränen der Rührung zu. Die Lippen des Vaters lächelten. Der Hausherr freute sich über die allgemeine Freude. Sogar alle Gäste bekundeten ihre Teilnahme, selbst die Spiele der Kinder stockten, um die Unterhaltung nicht zu stören. Die ganze Luft war mit Ehrerbietung durchtränkt.

Ich hörte später, wie die bis ins tiefste Herz gerührte Mama des interessanten Mädchens Julian Mastakowitsch in den gewähltesten Ausdrücken aufforderte, ihrem Haus die Ehre seines hochgeschätzten Besuches zu erweisen; ich hörte, mit welcher unverhohlenen Freude Julian Mastakowitsch die Einladung annahm und wie dann die Gäste, dem Anstand gehorchend, nach verschiedenen Seiten auseinandergingen, sich in ergreifenden Lobreden auf den Branntweinpächter, seine Frau, das kleine Mädchen und besonders Julian Mastakowitsch überschlugen.

»Ist dieser Herr verheiratet?« fragte ich beinahe laut einen meiner Bekannten, der ganz nahe bei Julian Mastakowitsch stand.

Julian Mastakowitsch warf mir einen prüfenden, zornigen Blick zu.

»Nein!« erwiderte mein Bekannter, tief betrübt über die Ungeschicklichkeit, die ich mit voller Absicht begangen hatte.

Kürzlich ging ich an der Kirche zu *** vorüber; die Menge und die Wagen setzten mich in Erstaunen. Ringsum wurde von einer Hochzeit gesprochen. Es war ein trüber Tag, es begann schon zu frieren; ich drängte mich mit der Menge in die Kirche hinein und erblickte den Bräutigam. Es war ein kleiner, rundlicher, satter Mann mit einem Bäuchlein und ordenbehangen. Er lief umher, tat geschäftig und gab Weisungen. Endlich erhob sich ein Gemurmel: Die Braut kam angefahren. Ich drängte mich durch die Menge und erblickte eine zauberhafte Schönheit, für die kaum der erste Frühling angebrochen war. Aber die Schöne war bleich und traurig. Sie blickte zerstreut um sich; es schien mir sogar, als wären ihre Augen noch feucht von den soeben vergossenen Tränen. Die antike Strenge jeder Linie ihres Gesichts verlieh ihrer Schönheit eine ganz besondere Würde und Feierlichkeit. Aber durch diese Würde und Feierlichkeit, durch diese Wehmut schimmerte noch die ursprüngliche, kindliche, unschuldige Wesensart; es sprach daraus etwas unsagbar Naives, Ungefestigtes, Junges, das durch sich selbst, ohne Worte, um Erbarmen zu flehen schien.

Es hieß, sie sei erst sechzehn Jahre alt. Ich sah den Bräutigam genauer an und erkannte plötzlich Julian Mastakowitsch, den ich seit fünf Jahren nicht mehr gesehen hatte. Ich warf einen Blick auf die Braut ... Mein Gott! Ich beeilte mich,

aus der Kirche hinauszukommen. In der Menge wurde davon geredet, daß die Braut sehr reich sei, daß sie eine Mitgift von fünfhunderttausend Rubel erhalte ... dazu noch ein beträchtliches Nadelgeld ...
Die Rechnung hat also glänzend gestimmt! dachte ich, als ich mich auf die Straße gedrängt hatte ...

Anton Tschechow

Zur Weihnachtszeit

»Was soll ich schreiben?« fragte Jegor und tauchte die Feder ein. Wassilissa hatte ihre Tochter schon vier Jahre nicht mehr gesehen. Nach der Hochzeit war die Tochter Jefimja mit ihrem Mann nach Petersburg gefahren, hatte zwei Briefe geschickt und war dann wie vom Erdboden verschluckt – sie ließ nichts mehr von sich hören.

Und ob die Alte am frühen Morgen die Kuh melkte, ob sie den Ofen heizte, ob sie nachts schlaflos dalag – immer dachte sie nur an das eine, wie es Jefimja dort gehe und ob sie noch lebe. Man müßte ihr einen Brief schicken, aber der Alte konnte nicht schreiben, und sie hatten niemand, den sie hätten darum bitten können.

Nun aber war Weihnachten gekommen, Wassilissa konnte es nicht länger aushalten und ging in die Schenke zu Jegor, dem Bruder der Wirtin, der, seitdem er aus dem Militärdienst heimgekehrt war, immer zu Hause in der Schenke saß und nichts tat. Es hieß von ihm, er könne gut Briefe schreiben, wenn man ihn anständig dafür bezahle. Wassilissa sprach in der Schenke erst mit der Köchin, dann mit der Wirtin und dann mit Jegor selbst. Sie einigten sich auf fünfzehn Kopeken.

Und nun saß Jegor am zweiten Feiertag in der Küche der Schenke am Tisch und hielt den Federhalter in der Hand. Nachdenklich stand Wassilissa vor ihm, auf ihrem Gesicht malten sich Sorge und Kummer. Mit ihr war Pjotr gekommen, ihr Mann, ein sehr hagerer, hochgewachsener Alter mit einer gebräunten Glatze; er stand da und schaute starr geradeaus, als sei er blind. Auf dem Herd in einer Kas-

H Vogeler.

serolle brutzelte der Schweinebraten; er zischte und schnaufte, als wolle er sagen: flju-flju-flju. Es war schwül.

»Was soll ich schreiben?« fragte Jegor wieder.

»Was denn!« sagte Wassilissa und schaute ihn böse und mißtrauisch an. »Hetz doch nicht so! Du schreibst doch nicht umsonst, sondern für Geld! Nun, schreib. Unserem lieben Schwiegersohn, Andrej Chrissanfytsch, und unserer einzigen geliebten Tochter, Jefimja Petrowna, in Liebe herzliche Grüße und den elterlichen Segen auf ewig unwandelbar.«

»Fertig. Schieß weiter!«

»Wir gratulieren auch noch zum Feiertag von Christi Geburt, wir leben und sind gesund, was wir auch für Euch vom Herrn ... dem himmlischen Herrscher ... erflehen.«

Wassilissa überlegte und sah sich nach dem Alten um.

»Was wir auch für Euch vom Herrn ... dem himmlischen Herrscher erflehen«, wiederholte sie und fing an zu weinen.

Mehr konnte sie nicht sagen. Vorher, als sie nächtelang überlegt hatte, schien ihr, nicht einmal zehn Briefe würden ausreichen, um alles zu schreiben. Seit die Tochter mit ihrem Mann weggefahren war, war viel Wasser ins Meer geflossen, die Alten lebten wie Waisen, und nachts seufzten sie tief, als hätten sie die Tochter beerdigt.

Und was hatte sich in dieser Zeit im Dorf nicht alles ereignet, wie viele Hochzeiten und Todesfälle hatte es gegeben! Wie lang waren die Winter gewesen, wie lang die Nächte!

»Es ist heiß hier!« sagte Jegor und knöpfte die Weste auf. »Es werden wohl siebzig Grad sein. Was weiter?« fragte er.

Die alten Leute schwiegen.

»Was macht dein Schwiegersohn dort?« fragte Jegor.

»Er war Soldat, mein Lieber, das weißt du doch«, antwortete der Alte mit schwacher Stimme. »Er ist zur gleichen Zeit wie du vom Militärdienst zurückgekom-

men. Er war Soldat, und jetzt ist er nämlich in Petersburg in einer Wasserheilanstalt.
Der Doktor nimmt Wasser für die Kranken. Da ist er nämlich Pförtner bei dem Doktor.«
»Hier steht's geschrieben ...«, sagte die Alte und holte aus ihrem Tüchlein einen Brief. »Von Jefimja haben wir ihn bekommen, weiß Gott, wann das war. Vielleicht leben sie gar nicht mehr.«
Jegor überlegte ein wenig und begann eilig zu schreiben.
»Heutzutage«, schrieb er, »wo das Schicksal Sie für den Militärdienst bestimmt hat, raten wir Ihnen, in die Dissiplinaordnung und in das Militärstrafgesetzbuch hineinzuschauen, und Sie werden in jenem Gesetz die Ziwilsazion der Angehörigen der Militärbehörde erkennen.«
Er schrieb und las dann das Geschriebene laut vor, Wassilissa aber dachte bei sich, man müßte schreiben, was für eine Not im vergangenen Jahr geherrscht, daß das Getreide nicht einmal bis Weihnachten gereicht und daß man die Kuh hatte verkaufen müssen.
Man müßte in dem Brief um Geld bitten, man müßte schreiben, daß der Alte häufig kränkele und wohl bald seine Seele aushauchen werde ... Wie sollte man das aber mit Worten ausdrücken? Was sollte man zuerst sagen und was nachher?
»Lenken Sie ihre Aufmärksamkeit«, schrieb Jegor weiter, »auf Band 5 der Kriegsartiekel. Soldat ist eine allgemeine Bezeichnung, ein berühmter Name. Soldat heißt der Erste General und der letzte Gemeine ...«
Der Alte bewegte die Lippen und sagte leise: »Die Enkelkinder einmal sehen, das wäre nicht schlecht.«
»Was für Enkelkinder?« fragte die Alte und sah ihn böse an. »Ja, vielleicht sind gar keine da!«
»Enkel? Vielleicht haben wir doch welche. Wer soll das wissen!«
»Und danach können Sie beurteilen«, fuhr Jegor eilig fort, »welches der Aus-

ländische Feind ist und welches der Innere. Unser erster Innerer Feind ist: Bachus.«

Die Feder kratzte und malte Schnörkel aufs Papier, die wie Angelhaken aussahen. Jegor beeilte sich und las jede Zeile mehrmals vor. Er saß auf einem Hocker, satt, gesund, breitschnäuzig und rotnackig, die Beine unter dem Tisch weit gespreizt. Es war die Gemeinheit selbst, die hier hockte, grob, anmaßend, unüberwindlich und stolz darauf, daß sie in der Schenke geboren und aufgewachsen war; Wassilissa begriff sehr wohl, daß dies die Gemeinheit war, aber sie konnte das nicht in Worten ausdrücken, sondern schaute Jegor nur böse und mißtrauisch an. Von seiner Stimme, seinen unverständlichen Worten, von der Hitze und der stickigen Luft begann ihr der Kopf zu schmerzen, ihre Gedanken verwirrten sich, und sie sagte und dachte nichts mehr, sondern wartete nur darauf, daß er zu kratzen aufhörte. Der alte Mann blickte zuversichtlich drein. Er vertraute seiner Frau, die ihn hierhergebracht hatte, und auch Jegor; und als er vorhin die Wasserheilanstalt erwähnte, da merkte man seinem Gesicht an, daß er auch an die Anstalt und die heilende Kraft des Wassers glaubte.

Als Jegor mit Schreiben fertig war, stand er auf und las den ganzen Brief noch einmal vor. Der Alte begriff nichts, aber er nickte zustimmend.

»Nichts dagegen zu sagen, sehr flüssig ...«, meinte er, »Gott schenke ihm Gesundheit. Nichts dagegen zu sagen ...«

Sie legten drei Fünfkopekenstücke auf den Tisch und verließen die Schenke; der Alte blickte wie ein Blinder starr geradeaus, und auf seinem Gesicht malte sich volles Vertrauen. Wassilissa aber hob, als sie aus der Schenke kamen, die Hand gegen einen Hund und sagte böse: »Oh, du Kröte!«

Die ganze Nacht konnte die Alte nicht schlafen, die Gedanken ließen sie nicht zur Ruhe kommen; in der Morgenfrühe stand sie auf, betete und ging zum Bahnhof, um den Brief abzuschicken.

Bis zum Bahnhof waren es elf Werst.

In Doktor B. O. Moselweisers Heilanstalt wurde am Neujahrstag genauso wie an gewöhnlichen Tagen gearbeitet, und nur der Portier Andrej Chrissanfytsch trug eine Uniform mit neuen Litzen, seine Stiefel glänzten ganz besonders, und er wünschte jedem, der kam, viel Glück zum neuen Jahr.

Es war Morgen. Andrej Chrissanfytsch stand an der Tür und las die Zeitung. Genau um zehn Uhr kam ein bekannter General, einer von den ständigen Besuchern, und nach ihm der Postbote. Andrej Chrissanfytsch nahm dem General den Mantel ab und sagte: »Viel Glück zum neuen Jahr, Euer Exzellenz!«

»Danke, mein Lieber. Das wünsche ich dir auch.«

Während der General die Treppe hinaufstieg, wies er mit dem Kopf auf eine Tür und fragte (er fragte jeden Tag, vergaß es aber immer wieder): »Und was ist in diesem Zimmer?«

»Das Massagekabinett, Euer Exzellenz!«

Als die Schritte des Generals verklungen waren, sah Andrej Chrissanfytsch die eingegangene Post durch und fand dabei einen Brief auf seinen Namen. Er öffnete ihn, las einige Zeilen und ging dann gemächlich und in die Zeitung blickend in sein Zimmer, das ebenfalls unten, am Ende des Korridors, lag. Seine Frau Jefimja saß auf dem Bett und nährte ein Kind; ein zweites Kind, das älteste, stand neben ihr und hatte seinen Lockenkopf auf ihre Knie gelegt, ein drittes schlief im Bett.

Als Andrej das Zimmer betrat, gab er seiner Frau den Brief und sagte: »Wahrscheinlich aus dem Dorf.«

Dann ging er wieder hinaus, ohne den Blick von der Zeitung zu heben, und blieb im Korridor unweit der Tür stehen. Er hörte, wie Jefimja mit zitternder Stimme die ersten Zeilen las. Weiter kam sie nicht – ihr genügten schon diese Zeilen; sie brach in Tränen aus, umarmte ihren Ältesten, küßte ihn und fing an zu sprechen, und man wußte nicht, ob sie weinte oder lachte.

»Das ist vom Großmütterchen, vom Großväterchen ...«, sagte sie. »Von zu Hause ... Himmelskönigin, o ihr Heiligen! Dort hat es jetzt den Schnee bis unters

Dach geweht ... die Bäume sind alle ganz weiß. Die Kinder fahren auf niedlichen kleinen Schlitten ... Und der kahlköpfige Großvater liegt auf dem Ofen ... und das gelbe Hündchen ... Meine Lieben daheim!«

Als Andrej Chrissanfytsch dies hörte, fiel ihm ein, daß seine Frau ihm drei- oder viermal Briefe gegeben und ihn gebeten hatte, sie abzuschicken, aber irgendwelche wichtigen Angelegenheiten hinderten ihn daran, er hatte sie nicht abgeschickt, die Briefe waren irgendwo liegengeblieben.

»Und auf den Feldern laufen die Häschen herum«, wehklagte Jefimja tränenüberströmt und küßte ihren Jungen. »Der Großvater ist still und gütig, die Großmutter ist auch gütig und mitleidig. Sie leben in Eintracht auf dem Lande und fürchten Gott ... Und ein Kirchlein steht im Dorf, die Bauern singen auf dem Chor. Die Himmelskönigin müßte uns von hier wegholen, die Beschützerin!«

Andrej Chrissanfytsch kehrte in sein Zimmer zurück, um zu rauchen, bis jemand käme; Jefimja verstummte plötzlich und wischte sich die Augen, nur ihre Lippen zuckten. Sie hatte große Angst vor ihm, so große Angst! Sie zitterte und wurde von Schrecken ergriffen, wenn sie seine Schritte hörte, wenn er sie ansah, und sie wagte in seiner Gegenwart kein einziges Wort.

Andrej Chrissanfytsch rauchte sich eine Zigarette an, aber gerade in diesem Augenblick wurde oben geläutet. Er drückte die Zigarette aus und eilte mit sehr ernstem Gesicht zur Eingangstür.

Von oben kam der General herunter, rosig und frisch vom Bad. »Und was ist in diesem Zimmer?« fragte er und zeigte auf eine Tür.

Andrej Chrissanfytsch stand stramm, die Hände an der Hosennaht, und antwortete mit lauter Stimme: »Die Charcotdusche, Euer Exzellenz!«

Maxim Gorkij

Weihnachtsphantome

Meine Weihnachtserzählung war beendet. Ich warf die Feder hin, erhob mich vom Schreibtisch und schritt im Zimmer auf und ab.

Es war Nacht, und draußen wirbelte der Schneesturm durch die Luft. Seltsame Laute erreichten mein Ohr wie von leisem Flüstern oder Seufzen; sie drangen von der Straße her durch die Wände meiner kleinen Kammer, die zu drei Vierteln von dunklen Schatten eingehüllt wurde. Es war der Schnee, den der Wind an die Mauern preßte und gegen die Fensterscheiben peitschte. Ein leichter, weißer, unerkennbarer Gegenstand flog an meinem Fenster vorbei und verschwand, einen kalten Schauder in meiner Seele zurücklassend.

Ich trat zum Fenster, blickte auf die Straße hinaus und legte meinen Kopf, der von der mühsamen Anspannung der Einbildungskraft erhitzt war, an die kühle Scheibe. Die Straße lag in verlassener Stille. Ab und zu riß der Wind durchsichtige Schneewölkchen vom Pflaster und ließ sie wie zarte weiße Schleier durch die Luft fliegen. Gegenüber meinem Fenster brannte eine Laterne. Ihre Flamme zitterte und flackerte im heftigen Kampf mit dem Wind. Der Lichtschein warf sich wie ein breites Schwert in die Luft, und der Schnee, der vom Dach des Hauses in diesen Lichtstreifen geweht wurde, glühte für einen Augenblick wie ein schillerndes Funkengewand auf. Das Herz wurde mir traurig und kalt, als ich diesem Spiel des Windes zusah. Ich entkleidete mich schnell, blies die Lampe aus und legte mich zum Schlafen nieder.

Als das Licht gelöscht war und Dunkelheit mein Zimmer erfüllte, wurden die Geräusche vernehmbarer, und das Fenster starrte mich wie ein großer weißer

Fleck an. Das unablässige Ticken der Uhr bezeichnete das Vergehen der Sekunden. Bisweilen wurde ihr flinkes Vorstürmen vom Surren und Knirschen des Schnees übertönt, doch bald vernahm ich wieder den leisen Schlag der Sekunden, die der Ewigkeit anheimfielen. Mitunter war ihr Geräusch so deutlich und genau, als ob die Uhr in meinem Schädel stünde.
Ich lag im Bett und dachte an die soeben vollendete Geschichte und überlegte, ob sie mir wohl Erfolg einbringen würde. Diese Geschichte handelte von zwei Bettlern, einem blinden Greis und seiner Frau, die in stiller, scheuer Zurückgezogenheit ihren Lebensweg gingen, der ihnen nur Ängste und Demütigungen bot. Am Morgen vor Weihnachten hatten sie ihr Dorf verlassen, um im Nachbarort Almosen zu sammeln, damit sie tags darauf die Geburt Christi auf festliche Weise feiern könnten. Sie wollten das nächste Dorf aufsuchen und zum frühen Gottesdienst zurück sein, die Säcke voller Krumen, die man ihnen um Christi willen gespendet hatte.
Ihre Hoffnungen (so ging meine Erzählung weiter) erfüllten sich natürlich nicht. Sie erhielten nur karge Gaben, und es war schon sehr spät, als die beiden, ermattet von des Tages Mühen, endlich beschlossen, zu ihrer kalten, verlassenen Lehmhütte zurückzukehren. Mit ihrer leichten Bürde auf den Schultern und mit schwerem Kummer im Herzen schleppten sie sich über die schneebedeckte Ebene; die alte Frau ging voran, und der alte Mann, der sich an ihrem Gürtel festhielt, folgte ihr. Es war eine dunkle Nacht, Wolken bedeckten den Himmel, und für zwei bejahrte Menschen war der Weg zum Dorf immer noch sehr lang. Ihre Füße sanken im Schnee ein, und der Wind wirbelte ihn auf und wehte ihn ihnen ins Gesicht. Stumm und vor Kälte zitternd, stapften sie weiter und weiter. Müde und vom Schnee geblendet, war die Alte vom Weg abgeirrt, und sie wanderten nun ziellos quer durchs Tal aufs offene Feld hinaus.
»Sind wir bald zu Hause? Achte darauf, daß wir die Frühmesse nicht versäumen«, murmelte der Blinde hinter den müden Schultern seiner Frau.
Sie sagte, sie wären bald zu Hause, und ein neuer Kälteschauder rann durch

H Vogeler.

ihren Leib. Sie wußte, daß sie den Weg verloren hatte, aber sie getraute sich nicht, es ihrem Mann zu sagen. Manchmal schien es ihr, als trüge der Wind Hundegebell an ihre Ohren, und sie schlug die Richtung ein, aus der diese Laute kamen; bald aber vernahm sie das Bellen von der anderen Seite.

Schließlich verließen die Kräfte sie, und sie sagte zu dem Alten: »Vergib mir, Väterchen, vergib mir um Christi willen. Ich bin vom Weg abgeirrt und kann nicht mehr weiter. Ich muß mich niedersetzen.«

»Du wirst erfrieren«, entgegnete er.

»Laß mich nur ein Weilchen ausruhen. Und selbst wenn wir erfrieren, was macht es? Unser Leben auf dieser Erde ist gewiß nicht süß.«

Der Alte seufzte tief und willigte ein. Sie ließen sich im Schnee nieder, einer mit dem Rücken zum andern, und sie sahen aus wie zwei Lumpenbündel – dem Wind zum Spiele. Er trieb Schneewolken gegen sie, bedeckte sie mit scharfen, spitzen Kristallen, und die Alte, die leichter gekleidet war als ihr Mann, fühlte sich gar bald in der Umarmung einer seltenen, köstlichen Wärme.

»Mütterchen«, rief der Blinde, der vor Kälte zitterte, »steh auf, wir müssen weiter!«

Aber sie war eingeschlummert und murmelte im Schlaf nur halbverständliche Worte. Er wollte sie aufrichten, doch es fehlte ihm die Kraft.

»Du wirst erfrieren!« schrie er, und dann rief er über das offene Feld laut um Hilfe.

Aber sie fühlte sich so warm, so gemütlich! Nach einigen vergeblichen Bemühungen setzte sich der Blinde in dumpfer Verzweiflung wieder im Schnee hin. Er war jetzt fest überzeugt, daß alles, was ihm widerfuhr, der ausdrückliche Wille Gottes wäre und daß es für ihn und seine betagte Frau kein Entrinnen gäbe.

Der Wind wirbelte und tanzte in ausgelassener Fröhlichkeit um sie herum, bestreute sie lustig mit Schnee und trieb ein vergnügtes Spiel mit den Kleiderfetzen, die ihre alten Glieder bedeckten, welche vom langen Dasein in Not und

Armut müde waren. Auch den Alten überkam jetzt ein Gefühl köstlich tröstender Wärme.
Auf einmal wehte der Wind liebliches, feierliches, melodisches Glockengeläut an seine Ohren. »Mütterchen!« rief er und fuhr auf. »Es wird zur Messe geläutet. Schnell, laß uns gehen!«
Aber sie war schon dorthin gegangen, von wo es keine Rückkehr mehr gibt.
»Hörst du? Es läutet, sage ich dir. Steh auf! Ach, wir werden zu spät kommen!«
Er wollte sich erheben, stellte jedoch fest, daß er sich nicht zu bewegen vermochte. Da begriff er, daß ein Ende nahe war, und er betete leise: »Herr, sei der Seele deiner Diener gnädig. Vergib uns, o Herr! Wir haben beide gesündigt. Habe Erbarmen mit uns!«
Da dünkte es ihn, daß über das Feld ein strahlender Tempel Gottes, eingehüllt in eine hellfunkelnde Schneewolke, auf ihn zuschwebte – ein kostbarer, wundersamer Tempel. Er bestand ganz aus flammenden Menschenherzen und ähnelte selbst einem Herzen, und mitten darin stand Christus in eigener Person auf einem Piedestal. Bei dieser Vision erhob sich der Alte und fiel vor der Schwelle des Tempels auf die Knie. Er gewann sein Augenlicht wieder und gewahrte den Heiland und Erlöser. Und von seinem erhöhten Standort aus sprach Christus mit holder, wohllautender Stimme: »Herzen, die in Mitleid erglühen, sind die Gründer meines Tempels. Tritt ein in meinen Tempel, du, der du im Leben nach Mitleid gedürstet, du, der du Elend und Erniedrigung erlitten hast, gehe ein in deinen ewigen Frieden!«
»O Herr«, sagte der Alte, dem das Augenlicht wiedergegeben war, und weinte vor Freude, »du bist es wahrlich, o Herr!«
Und Christus lächelte gütig auf den alten Mann hinunter und auf seine Lebensgefährtin, die durch das Lächeln des Heilands wieder zum Leben erwacht war. Und so erfroren die beiden Bettler draußen in dem offenen schneebedeckten Feld.
Ich rief mir die verschiedenen Einzelheiten der Erzählung ins Gedächtnis zurück

und fragte mich, ob sie mir wohl so gut und rührend geraten war, daß sie beim Leser Mitleid erregte. Es schien mir, ich könnte die Frage bejahend beantworten; denn ich glaubte, daß die Geschichte die gewünschte Wirkung unbedingt erzielen würde.

Mit diesem Gedanken schlief ich ein, recht zufrieden mit mir selbst. Die Uhr tickte weiter, und ich hörte im Schlaf das immer heftiger werdende Jagen und Brausen des Schneesturms.

Die Laterne wurde ausgeblasen. Immerzu brachte der Sturm draußen neue Geräusche hervor. Die Fensterläden klapperten. Die Zweige der Bäume neben der Tür klopften an die Metallplatte des Daches. Es seufzte, stöhnte, heulte, brauste und pfiff, und all dies vereinte sich bald zu einer schwermütigen Melodie, die das Herz mit Traurigkeit erfüllte, bald zu einer leisen, weichen Weise gleich einem Wiegenlied. Es hatte die Wirkung einer phantastischen Geschichte, von der die Seele wie in Bann gehalten wurde.

Plötzlich aber – was war denn das? Der schwache Fleck des Fensters entflammte in bläulichem, phosphoreszierendem Licht, und das Fenster wurde immer größer, bis es die ganze Ausdehnung der Wand einnahm. In dem blauen Licht, das den Raum erfüllte, erschien auf einmal eine dichte weiße Wolke, in der Funken aufglühten wie von zahllosen Augen. Wie vom Winde umhergewirbelt, drehte und kreiselte die Wolke, begann sich aufzulösen, wurde immer durchsichtiger, zerbrach in winzige Stückchen und verströmte in meinen Körper eisige Kälte, die mir angst machte. Etwas wie unzufriedenes, zorniges Gemurmel drang aus den Wolkenfetzen, die immer deutlicher Form gewannen und eine meinen Augen vertraute Gestalt annahmen. Dahinter im Winkel gewahrte ich eine Kinderschar, vielmehr die Schatten von Kindern, und hinter ihnen tauchte neben mehreren weiblichen Gestalten ein graubärtiger alter Mann auf.

»Woher kommen diese Schatten? Was wollen sie?« Das waren die Fragen, die mir durch den Kopf gingen, während ich diese seltsame Erscheinung erschrocken betrachtete.

МОПР
H.V.

»Woher wir kommen und von wannen wir sind?« antwortete eine strenge, ernste Stimme feierlich. »Kennst du uns nicht? Denk einmal nach!«

Stumm schüttelte ich den Kopf. Ich kannte sie nicht. In rhythmischer Bewegung schwebten sie durch die Luft, als ob sie zu den Klängen des Sturmes einen feierlichen Tanz vollführten. Halb durchsichtig, kaum erkennbar in ihren Umrissen, schwankten sie leicht und lautlos rings um mich, und plötzlich erkannte ich in ihrer Mitte den blinden Greis, der sich am Gürtel seiner bejahrten Frau festhielt. Tiefgebeugt humpelten sie an mir vorbei, mit vorwurfsvollem Blick die Augen auf mich richtend.

»Erkennst du sie jetzt?« fragte dieselbe ernste Stimme.

Ich wußte nicht, war es die Stimme des Sturmes oder die Stimme meines Gewissens; aber sie hatte einen befehlenden Ton, der keinen Widerspruch duldete.

»Ja, das sind sie«, fuhr die Stimme fort, »die traurigen Helden deiner erfolgreichen Geschichte. Und auch alle anderen sind Helden deiner Weihnachtsgeschichten – Kinder, Männer und Frauen, die du zum Vergnügen des Publikums erfrieren ließest. Schau, wie viele es sind und wie jämmerlich sie aussehen, die Ausgeburten deiner Phantasie!«

Eine Bewegung ging durch die schwankenden Gestalten, und zwei Kinder, ein Knabe und ein Mädchen, erschienen im Vordergrund. Sie sahen aus wie zwei Schneeblumen oder wie die Mondscheibe.

»Diese Kinder«, sprach die Stimme, »hast du unter dem Fenster jenes wohlhabenden Hauses, in dem der strahlende Christbaum brannte, erfrieren lassen. Sie betrachteten den Baum – erinnerst du dich? –, und sie erfroren.«

Lautlos schwebten meine armen kleinen Helden an mir vorbei und verschwanden. Sie schienen sich in dem blauen, nebelhaften Licht aufzulösen. An ihrer Stelle erstand ein Weib mit kummervollem, abgezehrtem Gesicht.

»Dies ist die arme Frau, die am Weihnachtsabend heimeilte in ihr Dorf, um ihren Kindern ein paar billige Weihnachtsgeschenke zu bringen. Auch sie hast du erfrieren lassen.«

Voller Scham und Furcht starrte ich die schattenhafte Frau an. Sie verschwand gleichfalls, und neue Gestalten tauchten abwechselnd auf. Es waren lauter traurige, stumme Phantome mit einem Ausdruck unbeschreiblicher Wehmut im düsteren Blick.

Und wieder hörte ich die ernste Stimme mit verhaltener Betonung sprechen: »Warum hast du diese Geschichten geschrieben? Gibt es nicht genug wirkliches, faßbares und sichtbares Elend in der Welt, daß du noch mehr Not und Kummer erfinden mußt und deine Einbildungskraft bemühen, um Bilder von aufrührender, realistischer Wirkung zu malen? Willst du die Menschen aller Lebensfreude berauben, willst du ihnen den letzten Tropfen des Glaubens an das Gute nehmen, indem du nur Böses schilderst? Warum läßt du in deinen Weihnachtserzählungen Jahr für Jahr Kinder oder Erwachsene erfrieren? Warum? Was bezweckst du?«

Ich war bestürzt über diese merkwürdige Anklage. Jeder schreibt Weihnachtsgeschichten nach dem gleichen Schema. Man nimmt einen armen Knaben oder ein armes Mädchen oder etwas Ähnliches und läßt sie irgendwo unter einem Fenster erfrieren, hinter dem gewöhnlich ein Christbaum steht, der seinen Strahlenglanz auf sie wirft. Das ist Mode geworden, und ich folgte der Mode.

In diesem Sinne antwortete ich. »Wenn ich diese Menschen erfrieren lasse«, sagte ich, »tue ich es zum denkbar besten Zweck. Indem ich ihren Todeskampf schildere, wecke ich im Publikum menschliche Gefühle für diese Unglücklichen. Ich möchte die Herzen meiner Leser rühren, weiter nichts.«

Eine seltsame Bewegung lief durch die Menge der Phantome, als ob sie spöttischen Widerspruch gegen meine Worte erheben wollten. »Siehst du, wie sie lachen?« fragte die geheimnisvolle Stimme.

»Warum lachen sie?« gab ich kaum hörbar zurück.

»Weil du so töricht redest. Du willst durch deine Schilderungen erdachten Elends in den Herzen der Menschen edle Gefühle hervorrufen, während wirkliches Elend und Leid für sie nichts anderes ist als ein alltägliches Schauspiel.

Bedenke, seit wie langer Zeit schon manche bestrebt waren, in den Herzen der Menschen edle Gefühle zu wecken, überlege, wie viele Männer ihre Begabung für diesen Zweck eingesetzt haben, und dann wirf einen Blick auf das wirkliche Leben! Narr, der du bist! Wenn die Wirklichkeit sie nicht rührt und wenn ihr Empfinden durch die grausame, erbarmungslose Not und durch den bodenlosen Abgrund tatsächlicher Bosheit nicht beleidigt wird, wie kannst du dann hoffen, daß die Erzeugnisse deiner Einbildungskraft sie bessern würden? Glaubst du wirklich, du könntest das Herz eines Menschen rühren, indem du ihm von einem erfrorenen Kind erzählst? Das Meer des Elends brandet gegen den Damm der Herzlosigkeit, es tobt und braust dagegen an, und du willst es beschwichtigen, indem du ein paar Erbsen hineinwirfst!«

Die Phantome begleiteten diese Worte mit ihrem stummen Lachen, und der Sturm stieß ein schrilles Hohngelächter aus; aber die Stimme sprach unaufhörlich weiter. Jedes Wort, das sie sagte, wurde mir wie ein Nagel ins Hirn getrieben. Es war unerträglich, und ich konnte es nicht länger aushalten.

»Das ist alles Lüge, Lüge!« schrie ich in höchstem Zorn. Als ich aus dem Bett sprang, fiel ich kopfüber in die Dunkelheit, und immer rascher und immer tiefer sank ich in den klaffenden Abgrund, der sich plötzlich vor mir auftat. Das Pfeifen, Heulen, Brausen und Lachen folgte mir hinab; die Phantome jagten mich durch das Dunkel, grinsten mir ins Gesicht und verhöhnten mich.

Am Morgen erwachte ich mit heftigen Kopfschmerzen und in sehr schlechter Stimmung. Als erstes las ich meine Geschichte von dem blinden Bettler und seiner Frau nochmals durch, und dann zerriß ich das Manuskript in kleine Fetzen.

Boris Pasternak

Weihnachten bei den Swentizkijs

In diesem Winter schrieb Jura einen wissenschaftlichen Aufsatz über die Nervenstrukturen der Netzhaut, mit dem er sich um die Goldmedaille der Universität bewerben wollte. Obwohl er sein Examen in Allgemeinmedizin machen würde, kannte er das Auge so gründlich wie ein angehender Augenarzt.

Dieses Interesse für die Physiologie des Sehens zeigte eine andere Seite von Juras Natur – seine schöpferischen Fähigkeiten und sein Nachdenken über das Wesen eines künstlerischen Werkes und den Aufbau einer logischen Idee.

Tonja und er wollten mit einer Schlittendroschke zur Weihnachtsfeier bei den Swentizkijs fahren. Beide hatten sechs Jahre Seite an Seite gelebt, das Ende der Kindheit und den Beginn der Jugend. Sie kannten einander bis in die kleinsten Einzelheiten. Sie hatten gleiche Gewohnheiten und eine eigene Art und Weise, kurze witzige Äußerungen zu machen und als Antwort abgerissen loszuprusten. So fuhren sie auch jetzt schweigend, die Lippen in der Kälte zusammengepreßt, und wechselten kurze Bemerkungen. Beide hingen ihren Gedanken nach.

Jura dachte daran, daß der Termin für den Medaillenwettbewerb näherrückte und er sich mit dem Aufsatz beeilen mußte, und in dem festlichen Getümmel des zu Ende gehenden Jahres in den Straßen sprang er von diesem Gedanken auf andere.

An Mischa Gordons Fakultät wurde eine hektographierte Studentenzeitschrift herausgegeben, die Gordon redigierte. Jura hatte ihm schon vor längerer Zeit einen Artikel über Block versprochen. Für Block schwärmte die Jugend beider Hauptstädte, er und Mischa noch mehr als andere.

H Vogeler 23

Aber auch diese Gedanken beschäftigten Jura nicht lange. Sie fuhren, das Kinn im Kragen, die frierenden Ohren reibend, und dachten über Verschiedenes nach. In einem Punkt aber trafen sich ihre Gedanken.

Die jüngste Szene bei Anna Iwanowna hatte beide sehr verändert. Sie waren gleichsam sehend geworden und betrachteten einander mit neuen Augen.

Tonja, die alte Gefährtin, diese verständliche, keinerlei Erklärung verlangende Wirklichkeit, war zum Unerreichbarsten und Kompliziertesten von allem geworden, was Jura sich vorzustellen vermochte – sie war eine Frau. Bei einiger Bemühung seiner Phantasie konnte er sie sich als Ararat-Besteiger, als Held, Prophet, Sieger vorstellen, überhaupt als alles, nur nicht als Frau.

Diese überaus schwierige und alles übersteigende Aufgabe hatte Tonja auf ihre schwachen, mageren Schultern geladen (sie kam Jura plötzlich schwach und mager vor, obgleich sie ein kerngesundes Mädchen war). Er war mit dem heißen Mitgefühl und der zaghaften Verwunderung für sie erfüllt, die der Anfang von Leidenschaft ist.

Das gleiche, nur mit umgekehrten Vorzeichen, vollzog sich in Tonja in bezug auf Jura.

Jura fand, sie hätten doch lieber zu Hause bleiben sollen. Wenn in ihrer Abwesenheit nur nichts passierte! Er erinnerte sich. Nachdem sie erfahren hatten, daß es Anna Iwanowna schlechter ging, waren sie, schon ausgehfertig, noch einmal zu ihr gegangen und hatten ihr angeboten zu bleiben. Sie hatte ebenso heftig wie neulich widersprochen und verlangt, sie sollten zu dem Fest fahren. Jura und Tonja waren hinter die Gardine in die tiefe Fensternische getreten, um nach dem Wetter zu schauen. Als sie aus der Nische heraustraten, hafteten beide Hälften der Tüllgardine an dem Stoff ihrer neuen Kleider.

Das leichte Gewebe schmiegte sich an und wurde von Tonja ein paar Schritte mitgetragen wie ein Brautschleier. Alle lachten, denn diese Ähnlichkeit war allen im Schlafzimmer ohne Worte aufgefallen.

Jura blickte nach beiden Seiten und sah, was auch Lara schon bemerkt hatte. Ihr

Schlitten polterte unnatürlich laut und weckte einen unnatürlich langen Nachhall unter den vereisten Bäumen des Parks und Boulevards. Die von innen leuchtenden, bereiften Fenster der Häuser erinnerten an kostbare Schatullen aus mehrschichtigem Rauchtopas. In ihnen spielte sich das Weihnachtsleben von Moskau ab, da brannten Lichtertannen, da drängten sich Gäste, da spielten verkleidete Possenreißer Versteck und ein Ringelspiel.
Jura dachte auf einmal, Block sei eine weihnachtliche Erscheinung in allen Bereichen des russischen Lebens, im nördlichen Stadtalltag und in der neuesten Literatur, unter dem Sternenhimmel der gegenwärtigen Straße und rund um die angezündete Lichtertanne im Salon dieses Jahrhunderts. Er dachte, es bedürfe keines Aufsatzes über Block, es müsse lediglich eine russische Anbetung der Weisen geschrieben werden, wie bei den Holländern, mit Frost, Wölfen und einem dunklen Tannenwald.
Sie fuhren durch die Kamergerski-Gasse. Jura entdeckte in einem der Fenster ein in die Eisschicht hineingeschmolzenes schwarzes Loch. Durch dieses Loch schimmerte eine Kerzenflamme, die fast mit der Bewußtheit eines Blicks auf die Straße drang, als beobachte das Flämmchen die Vorüberfahrenden und warte auf jemand.
»Die Kerze brannte ... Die Kerze ...«, flüsterte er vor sich hin, es war der Anfang von etwas noch Unklarem, Unausgereiftem, und er hoffte, die Fortsetzung werde von selbst und ohne Zwang kommen. Aber sie kam nicht.

Die Weihnachtsfeier bei den Swentizkijs wurde seit undenklichen Zeiten nach dem gleichen Muster veranstaltet.
Um zehn, wenn die Kinder weggebracht waren, wurden die Kerzen am Christbaum für die Jugendlichen und Erwachsenen zum zweitenmal angezündet, und man amüsierte sich bis zum Morgen. Die Älteren droschen die ganze Nacht Karten in dem pompejanischen Salon mit den drei Wänden, der die Fortsetzung des Saales und von diesem durch einen schweren Vorhang an großen Bronze-

Moskauer Universitätshof

ringen getrennt war. Gegen Morgen nahm die ganze Gesellschaft das Abendessen ein.

»Warum kommt ihr so spät?« fragte George, der Neffe der Swentizkijs, während er durch die Diele zu Onkel und Tante in die hinteren Räume eilte. Jura und Tonja wollten auch dorthin, um die Gastgeber zu begrüßen, und während sie ablegten, warfen sie einen Blick in den Saal.

Vorbei an der hitzeatmenden Tanne, die von mehreren Reihen strömenden Glanzes umgürtet war, bewegte sich kleiderraschelnd und einander auf die Füße tretend die schwarze Wand der schlendernden und plaudernden Gäste, die nicht tanzten.

In ihrem Kreis wirbelten die Tänzer herum. Angeführt wurden sie von dem Lyzeumsschüler Koka Kornakow, dem Sohn eines Staatsanwalts. Er führte die Paare zusammen und zog sie zur Kette auseinander, dirigierte das Tanzen und brüllte aus vollem Halse von einem Ende des Saals zum anderen: »Grand rond! Chaîne chinoise!«, und alles geschah nach seinem Wort. »Une valse s'il vous plaît!« rief er dem Klavierspieler zu und führte an der Spitze der ersten Tour seine Dame à trois temps, à deux temps, dabei verlangsamte er die Gangart immer mehr bis zu einem kaum bemerkbaren Auf-der-Stelle-Treten, das kein Walzer mehr war, sondern nur ein ersterbender Nachhall.

Alle applaudierten, dann wurden der sich bewegenden, scharrenden, lärmenden Menge Eis und Erfrischungsgetränke gereicht. Die erhitzten Jünglinge und Mädchen unterbrachen vorübergehend ihr Geschrei und Gelächter, um hastig und gierig kalten Saft oder Limonade zu trinken, doch kaum hatten sie die Gläser aufs Tablett zurückgestellt, erneuerten sich ihr Geschrei und Gelächter, als hätten sie etwas Erheiterndes zu sich genommen.

Tonja und Jura, ohne den Saal zu betreten, suchten die Gastgeber auf.

Die hinteren Räume der Swentizkijs waren mit überflüssigen Sachen vollgestellt, die man aus dem Salon und aus dem Saal herausgetragen hatte, um Platz zu

gewinnen. Hier befand sich die Zauberküche der Gastgeber, ihr Weihnachtsvorrat. Es roch nach Farbe und Leim, Rollen Buntpapier lagen herum, und es gab haufenweise Kartons mit Kotillon-Sternen und Weihnachtskerzen.
Die alten Swentizkijs waren eben dabei, Nummernschildchen für die Geschenke, Tischkärtchen für das Abendessen und Lose für die Tombola zu beschriften. Dabei half ihnen George, aber da er sich bei der Numerierung oft irrte, knurrten sie ihn gereizt an. Die Swentizkijs freuten sich schrecklich über Jura und Tonja, die sie schon als kleine Kinder gekannt hatten. Ohne große Umstände und weitere Worte beteiligten sie sich an der Arbeit.
»Felizita begreift nicht, daß sie daran früher hätte denken sollen, nicht erst jetzt, wo das Haus voller Gäste ist. Ach, ist das ein heilloses Durcheinander, George, was hast du schon wieder mit den Nummern angerichtet! Die Konfektschachteln sollten doch auf den Tisch und die leeren aufs Sofa, und jetzt dieser Wirrwarr, alles verkehrt.«
»Ich bin sehr froh, daß es Anna bessergeht. Pierre und ich haben uns schon Sorgen gemacht.«
»Ja, meine Liebe, aber grade jetzt geht es ihr schlechter, verstehst du, bei dir ist immer alles devant-derrière.«
Jura und Tonja verbrachten den halben Abend mit George und den Gastgebern hinter den Weihnachtskulissen.

Alexej Remisow

Heiligabend

Nein, wenn schon irgendwo Christnacht feiern, den Vorabend des Weihnachtsfestes, dann, versteht sich, nicht in Petersburg.

Denn wenn man sich zum Festschmaus niedersetzt, sollte man doch erst einmal das Fenster öffnen und den ersten Löffel Kutja (traditionelles Weihnachtsgericht aus Graupen und Honig, Anm. der Hg.in) hinauswerfen, um Großvater Korotschun zu Tisch zu laden. Großvater Korotschun ist winters der Wichtigste: Korotschun macht, daß es Winter wird, er schüttet fürs Rodeln den Schnee auf die Berge und schmückt die Bäume mit Rauhreif, damit sie schöner aussehen; er war es auch, wie die Alten erzählen, der zu Weihnachten das Christuskind in seinem Stall aufnahm, als König Herodes befohlen hatte, auf der ganzen Erde alle Neugeborenen zu töten; und wie viele Kunststücke er kennt, und was er für Märchen erzählt – zum Fürchten und doch niemals genug! Korotschun mag es gern, wenn jemand Mummenschanz tanzt, er selber schwingt auf seine alten Tage noch das Tanzbein, mit manchem Jungen nimmt er's auf, der knurrige weißhaarige Spaßvogel – ohne ihn ist die Kutja keine Kutja!

Doch in Petersburg sollte man an so etwas gar nicht erst denken, wenn man halbwegs vernünftig und des Lebens noch nicht überdrüssig ist, des ärmlichen, bis zum Stumpfsinn eintönigen, in ewiger Sorge ums Stück Brot sich verzettelnden Lebens.

Bekanntlich darf, nach Petersburger Regeln, nichts aus dem Fenster geworfen werden, und jegliches Hinauswerfen, selbst wenn es sich um angenehme Näschereien wie Kutja mit Honig und Walnüssen handelt, kann wenig angenehme Folgen haben: Keine Zeit für langes Deuteln, die ganze Kutja wird zusammengeklaubt und unter Bewachung fortgebracht, wohin es sich gehört ... Und außerdem ist ja auch keineswegs sicher, ob Großvater Korotschun selbst Lust hat, an solch hohem Festtag in Petersburg zu weilen. Oje, es ist sogar recht zweifelhaft, ob es dem alten Mann gefiele, über den Newski zu spazieren oder auf den Inseln zu sitzen.

Viel eher geht er zu dieser Zeit in die entlegensten Steppen, die unberührten, die weiten, nicht wahr, und dort im Freien wird er umherstreifen, wird Kutja schmausen und zum Zeitvertreib den Winter härten für seine letzten kalten Tage.

Kurzum, wie man's auch dreht und wendet, es läuft immer auf dasselbe hinaus: selbst wenn du noch so mutig bist und es dir nichts ausmacht, einen Löffel Kutja aus dem Fenster zu werfen – umsonst, nicht Korotschun kommt er zugute, sondern bestenfalls einem Hund, und der Hund, wenn er dran geschnuppert hat, wird nicht lange fackeln und den guten Happen auffressen. Nun also!

Skorochodow überlegte hin und her. Ein richtiges Weihnachtsessen möchte schon sein, aber bange ist ihm doch, ihm ist bange, und es wäre auch schade. Soll er sich wirklich allein, ohne Korotschun, den Bauch vollschlagen?

Und so beschloß Skorochodow endlich, sich in Schulden zu stürzen – pfeif drauf! – und aus Petersburg wegzufahren, um wenigstens einmal, das einzige Mal in seinem beengten Leben, den Heiligen Abend menschenwürdig zu begehen.

In die fernen Steppen, die unberührten und weiten, zu Korotschun ist es ein langer und aufregender Weg. Aufenthalte und Umsteigerei – kein Ende abzusehen. Kalt ist's im engen Waggon. Man wälzt sich von einer Seite auf die andere – alles schmerzt. Skorochodow hatte sich halbwegs eingerichtet, wollte ruhen und schlief auf dem Schlüsselbund ein. Als er erwachte, tat ihm die Seite weh. Er steckte die Schlüssel in die andere Tasche und schlief auf dem Geldbeutel ein. Und wieder war ihm die Seite wie gerädert. Er legte sich auf den Rücken. Abermals Pech: Die Kerze in der Laterne war abgebrannt, das Stearin floß breit, und die Laterne flackerte aus. Qualm, Ruß.

Man riß die Türen auf, den Qualm zu vertreiben. Es wurde noch kälter: zum Zähneklappern! Und dann ging einer durch und schloß die Tür nicht hinter sich.

»He, Reisender, du Blödian, was macht's dir aus, die Hand wird dir nicht abfallen!« schäumte Skorochodow.

Und der Zug verspätete sich von Werst zu Werst mehr, fuhr immer langsamer.

»He, Zug, du Bummler, was macht's dir aus, reicht etwa der Dampf nicht?« schäumte Skorochodow.

Wenn bloß die Nacht bald vorüber wäre! Morgen mit dem ersten Stern beginnt der Heilige Abend.

Träge kroch der langweilige Zug dahin. Die Wersten schienen sich zu dehnen, auch wurden es scheinbar immer mehr.

Skorochodow wälzte sich vom Schlüsselbund auf den Geldbeutel, vom Geldbeutel auf die Schlüssel, er legte sich mal so, mal so: auf den Bauch, dann wieder rücklings, doch er konnte nicht mehr einschlafen, dämmerte nur vor sich hin.

Nebenan stritt sich ein Arbeiterehepaar.

»Ossip hat mit dem Kopf die Laterne zerhauen!« lag die Frau ihrem Mann wegen irgendeines Ossip in den Ohren, der, als der Zug schon anfuhr, betrunken aus dem Wagen gesprungen und mit dem Schädel direkt an die Laterne gestoßen war.

»Herrschaften! Das ist ein Ding! Marsch aufs Revier!« lachte der Mann, um seiner Frau zum Munde zu reden. Er hätte gern noch getrunken, doch den Wodka hielt die Frau versteckt, und die ließ sich nicht erweichen.

Ein Junker (Offiziersschüler, Anm. der Hg.in), der auf der oberen Schlafbank lag, sprang herunter, nicht ohne Geschick, stieß an den Korb, in dem der Wodka von der Frau verwahrt sein mußte, und entschuldigte sich höflich bei den Arbeitern.

»Bittesehr, bittesehr!« nickte der Mann.

»Bittesehr!« äffte die Frau hinterdrein. »Wir wissen, was sich gehört, wir sind nicht von gestern!« Und plötzlich wurde der Arbeiter wütend, er schimpfte los: »Ach, ihr Weiber! Was mußt du auch auf diesen Bahnhof rennen? Wir könnten längst zu Hause sein, Trine, ach ihr ... Wann kommen wir nun an? Zu Ostern? Ich hab doch gleich gesagt ..., aber nein ...«

Die Frau fühlte sich ertappt und gab nach.

»Einen unschuldigen Menschen so zu beschuldigen! Hört auf, mich zu beschuldigen, ich bin nicht schuld an dieser Sache.«

Und schon ertönte ein gieriges Gluckern. Da wurde der Wodka eingegossen, offenbar aus einem größeren Gefäß in ein Gläschen, da wurde das Gläschen geleert, mit solcher Gier, als begänne ein Abstinenzler zu trinken.

»Kornschnaps, aus Weizenkorn, zum Wohl!«

»Zum Wohl!« zischte die Frau. »Gauner, du Lump, zum Wohl!«

Ein anderer Reisender, fahlblond und so mager, als tropfe aus seinem Rücken, aus einem seiner Rückenwirbel, heiliges Baumöl und er sei schon ganz ausgelaugt, hatte seinen Platz verloren, er irrte durch den Wagen und fragte ungeniert jeden aus: »Wer bist du und wohin fährst du?«

Hin und wieder erhielt er Antwort, dann wandte man sich ab, und schließlich wünschte man ihn zum Teufel.

Zum Schluß blieb der Magere allein, er setzte sich auf eine Bankkante, und ihm war wohl zumute, als führe er ganz allein im Wagen und aus seinem Rückgrat sickere das heilige Baumöl. Wer bin ich? Er wußte es selber nicht mehr.

»Wer bist du und wo fährst du hin?« murmelte der Magere.

Unterm Sitzbänkchen hatte sich jemand ohne Fahrkarte eingerichtet, der schmatzte vor dem Einschlafen so sehr, als habe er nicht zwei, sondern ganze vier Kiefer und als sei das Mahl so schmackhaft, daß er, schon ganz vollgefuttert, noch nicht genug kriegen konnte.

Dann verstummte alles, und die stumme Fracht jagte dahin, vom Regen in die Traufe. Und keine Hoffnung mehr, rechtzeitig anzukommen. Dumpfes Räderrollen. Das Heulen des Schneesturms mischt sich in den Räderschlag. Das Lichtstümpfchen in der verräucherten Lampe glimmt kaum noch.

»Nein, wär ich bloß in Petersburg geblieben, wie auch immer!« haderte Skorochodow mit sich nach der schlaflosen Nacht, zwischen Selbstvorwürfen und Selbstrechtfertigung schwankend.

Dann wurde es, nach einem langen Tag, wieder Abend.

Bald würden sie sich dort, in der weiten unberührten Steppe, in dem alten heimatlichen Haus, das sich im Schnee duckte wie in einem weißen Kirschblütenmeer, zum Weihnachtsschmaus zu Tisch setzen. Bald würde der Weihnachtsstern aufgehen. Doch die Station, wo Skorochodow aussteigen wollte, war noch so weit entfernt, er mochte gar nicht daran denken. Der Schneesturm hielt ihn auf und die verfluchte Umsteigerei.

Jetzt decken sie den Tisch: Heu drauf, dann die Schüssel mit der Kutja ... Jetzt zünden sie die Kerzen an, jetzt setzen sie sich rund um den Tisch ... Heiligabend! Skorochodow malte sich alles aus und fand keine Ruhe.

Ein *Hut-Mann* mit scharfgeschnittenem lebhaftem Gesicht – im Waggon raunte man, dies sei ein *Agitator* – las laut aus der Zeitung vor. Er, dieser *Hut,* wählte aus der Zeitung besonders deutliche und krasse Stellen, versah das Vorgelesene mit seinen eigenen Kommentaren und zog für die Zuhörer scharfe Schlußfolgerungen aus Gelesenem und Kommentar.

»Kommen Sie in Paramonows Gasthaus«, las der Hut-Agitator überdeutlich eine Zeitungsmeldung, ein zufällig abgehörtes Telefongespräch, »fragen Sie nach dem Hausmeister mit dem fuchsroten Bart, für fünfzig Kopeken pro Kopf können Sie Juden und Intelligenzler schlagen ...«

Skorochodow hörte nicht weiter zu, wen man, außer *Juden* und *Intelligenzlern,* noch für fünfzig Kopeken schlagen sollte, möglicherweise sogar erschlagen für denselben Preis. Wozu sich das anhören! Der *Hausmeister* selber weiß besser als alle Zeitungen, wen man wann schlagen muß, weil nämlich er, der Rotbärtige, alles weiß. Und von ihm, dem Rotbärtigen, hängt alles ab – Skorochodows Schicksal und das Schicksal der ganzen *Russischen Erde* und das Schicksal der ganzen weiten Welt. Mag sein, er hat, zusammen mit *Juden* und *Intelligenzlern,* auch schon den weißhaarigen Korotschun selbst um die Ecke gebracht und liegt nun hier unter seiner Sitzbank, liegt, wo er liegt, läßt fünfe gerade sein und schläft. Wie sollte er nicht sorglos schlafen, ihn geht ja weder Skorochodow etwas an noch die *Russische Erde* noch die ganze weite Welt, erst recht nicht der weißhaarige Korotschun – er hat den Wanst voll und läßt den lieben Gott einen guten Mann sein. Und nichts gibt es mehr zu erwarten, nichts zu erwarten und nichts zu hoffen.

Er hat dieses Wort umgebracht – das Wort *Hoffnung,* hat es aus dem russischen Wörterbuch getilgt. Nun liegt er zufrieden da, wirr und zerzaust, und schläft. Und davon wird alles hoffnungslos verworren und verknäuelt.

Skorochodow träumte, er stünde auf, um nachzusehen, woher der Lärm im Wagen kam, der Wagen aber war ganz fuchsrot, wie der Bart des Hausmeisters, und alle Reisenden sahen fuchsrot aus, und Skorochodow lauschte und traute seinen Ohren nicht.

»Es lebe der fuchsrote Hausmeister vom Paramonow! Hurra!« lärmte der ganze Waggon und tauchte plötzlich unter in einer fuchsroten breiigen Masse.

»Ihre Fahrkarte! Ihre Fahrkarte!« Der Schaffner rüttelte und knuffte den eingenickten Skorochodow.

Wachsoldaten drängten sich in den Wagen. Ausgelaugt, verfroren, in zerlumpten Halbpelzen, mit Gewehren in den klammen Händen, setzten sie sich dichtgedrängt und unbequem hin.

Am anderen Ende des Wagens wurde wohltönend ein Lied angestimmt: *»Feindliche Stürme ...«;* ein Gymnasiast sang, ein Kadett und irgendein Soldat.

Einer der Wachsoldaten trat zaghaft näher an den Hut-Agitator heran. »Geben Sie, Herr, ein Zigarettchen, um meiner Armut willen!« bat der Wachsoldat und

ließ nicht locker. In der einen Hand das Gewehr, die andere bettelnd ausgestreckt.
»*Ins blutige Gefecht...!*« tönte hartnäckig das Lied, vom ganzen engen Waggon aufgegriffen.
Der Zug hielt.
Wieder mußte Skorochodow umsteigen.
»Wir kommen schon noch an!« besänftigte der Schaffner, an Aufenthalte gewöhnt.
Nebenan fuhr ein Zug voller Reservisten ab, die noch nicht im Krieg gewesen waren.
Lärm, Durcheinander.
»Her mit dem Zug!« Der Bahnsteig war voller Gegröle und wimmelte wie ein Ameisenhaufen, Flüche stiegen auf, daß dem Himmel heiß und heiter davon wurde. In keiner anderen Sprache, außer der russischen, kann man sich so herzhaft Luft machen.
»He du, russische Sprache, es gibt nichts Deftigeres als dich, so hilf doch!« stöhnte Skorochodow, während er die Menge anstarrte und dann gefügig in den neuen Zug einstieg. Er bemühte sich zu vergessen, wer er war und wo er hinfuhr – wie jener öltriefende Reisende von gestern.
Im Zug waren viele Soldaten, die fuhren nach Hause ins Dorf, auf Urlaub.
Ein stupsnasiges Männlein, das Gesicht kreuz und quer von feinen tiefen Runzeln überzogen wie von Schnüren, saß neben einem riesenhaften Petersburger Kavalleristen und mampfte gierig Speck. Die beiden waren Landsleute. Sie unterhielten sich.
»Also was – hatten wir einen Pogrom?«
»Hatten wir.« Das Männlein zwinkerte verschmitzt.
»Und was ist ein Pogrom?« Der Kavallerist hatte ein schmackhaftes Stück Speck gegessen und machte sich über das nächste, nicht weniger schmackhafte, her.

»Ein Pogrom … na, die Kapitalisten werden geschlagen, weil sie was besitzen. Und woher haben sie was? Wer hat's ihnen gegeben? Anfangs hatten alle gleichviel. Wie sind sie dazu gekommen, na?«
»Durch Fleiß.«
»Genau! Und wegen dieses Fleißes gibt es eben den Pogrom.«
»Durch Räuberei kommt man zu nichts.«
»Ganz recht, ganz recht.« Das Männlein klopfte mit dem Finger auf die Tischplatte, dann bog es ihn und näherte ihn, schmutzig und beschmiert, wie er war, dem fettigen Munde seines Landsmannes.
Der Kavallerist wischte sich genüßlich den Mund, zwirbelte seinen Schnurrbart, und plötzlich fuhr er zornig los.
»Also solche Subjekte, die so reden, weißt du denn, was man in Petersburg mit solchen Subjekten macht?«
»?«
»Ganz einfach – kurzen Prozeß.«
»!«
»Und du, woher bist du eigentlich?«
»Hab in der Seifenfabrik gearbeitet. Ein *Spatzellist*.«
»Aha, Spatzellist, und wohin fährst du?«
»Nach Glistniza.« Das Männlein zwinkerte schlau und begann einzulenken. »Freilich, das sind alles die Polen und die Juden.«
»Die wollen alles wegnehmen.« Der Kavallerist, sichtlich ruhiger werdend, rauchte an.
»Ich denk ja auch«, kicherte das Männlein plötzlich, »die wollten mich reinziehen, und ich dachte: pah! Ich denke genau so.«
»Heiligabend …« tönte es einschläfernd in Skorochodow, das uralte Wiegenlied mit dem immer gleichen Refrain, und es schwang sich weiter und weiter hinaus in die weite unberührte Steppe, wo bereits der Weihnachtsstern aufgegangen war. *»Heiligabend!«*

»Zum Fürchten«, flüsterte ein Soldat auf der obersten Schlafbank. »Da fährt man so, und plötzlich könnte eine Bombe ...«

»Hilf, heilige Muttergottes, Himmelskönigin!« seufzte die Frau neben ihm.

»Einmal ritten wir Patrouille«, erzählte der Soldat flüsternd, seine Stimme klang leise und irgendwie belegt, sei's durch eine Erkältung, sei's vor Angst, vielleicht auch vom Wodka oder von Gott weiß was für scharfen Sachen. »Wir ritten nachts, und uns entgegen kam ein Trupp. Ich ballerte los – pardautz, fiel der erste auf die Erde, dann leg ich den zweiten um, dann den dritten. Ich rufe die benachbarten Posten, und die schießen auch. Am andern Morgen fragt mich der Kommandeur: ›Hast du geschossen, Samertschuk?‹ – ›Jawohl, Euer Hochwohlgeboren.‹ – ›Dank dir, Bruder‹ – ›Gern geschehen.‹ – Hm, ja. Aber wenn man nun wieder wegfährt, denkt man doch: Ob du wohl, so Gott will, noch mal nach Hause kommst ...«

»Schnauze! Blödes Gequassel! Nach Hause?! Du hast Nerven!« unterbrach den Soldaten ein mürrischer Sappeur.

In einer anderen Ecke des Wagens stritt man über den Krieg.

»Sich auf die Ikonen zu verlassen! Haha!«

»Und worauf habt ihr vertraut?«

»Mit Ihnen rede ich nicht.«

»Die Zunge soll dir abfallen!« hackte der Beleidigte zurück. Und wieder flackerte Streit auf. Namen wurden genannt, bekannte und unbekannte, man stritt, man beschwichtigte.

»Verhext bin ich, darum kann ich nicht schlafen«, sagte ein junges Weib mit gedehntem Moskauer Akzent und bot seinen Platz einer Alten an. »Und zwar hab ich diese Krankheit von meiner Freundin. ›Da, meine Liebe,‹ hat sie gesagt, ›zieh das Hemd an!‹ Und wie ich es angezogen hatte, Großmutter, das Hemd, da ging's los ...«

»Ogottogott, was es alles gibt auf der Welt!« mümmelte die Alte und bekreuzigte sich.

»Dabei, nicht sie hat schuld, sondern er, der ekelhafte Kerl, er hat sie mit dem verfluchten Hemd zu mir geschickt. ›Da, meine Liebe, zieh das Hemd an!‹ Ich hab nämlich mit ihm zusammen in einer Fabrik gearbeitet, am Stadtrand, und wir haben zusammen gestreikt. Wenn man bedenkt: Für Streik gibt's Gefängnis, aber für so was wird dem wahrscheinlich kein Härchen gekrümmt ...«

»So weit reicht die Macht nicht!« gähnte jemand unter der Bank.

»Bei uns im Dorf, Mädel, gibt es auch den bösen Blick, und einmal war ein Alter, der heilte Zahnschmerzen mit *Seidelbast:* das hilft.«

»Das ist dir was andres als Streiken! Mit diesem Mittel kann man noch ganz andere Sachen machen! Doch was kann ich dafür?« klagte die Behexte und schaute mit irrem Blick an den schläfrigen, zerzausten Köpfen vorbei in die Nacht, als suche sie jemanden, der käme und sich ihrer annähme, sie von dem Fluch zu erlösen, der ihr die Glieder fesselte.

»Heiligabend ...« drang wieder einschläfernd das uralte Wiegenlied zu Skorochodow, es tönte ganz nah an seinem Ohr, und es tönte von fern, ringsum, aus dem gequälten Herzen der geduldigen geschundenen Heimaterde. *»Heiligabend!«*

Skorochodow sah auf die Uhr: Seine Uhr war stehengeblieben. Und niemand, den er fragen konnte. Er ging hinaus auf die Plattform, er suchte den Stern. Finsternis, Schnee. Und der Stern müßte doch schon leuchten! Er nahm etwas Brot, brach es, dann rief er nach Korotschun, als sei das Brot die richtige Kutja. »Korotschun, Korotschun, komm, sei unser Gast!«

Russisches Märchen

Nikolaus der Wundertäter

Es waren einmal zwei Brüder, der eine war reich und der andere arm. Der Arme hatte eine große Familie, und zu essen gab es nichts mehr. Da ging er zum Bruder und bat ihn um Mehl; doch der schlug es ihm ab. Der Arme nahm ein Bild von Nikolaus, dem Wundertäter, und brachte es dem Reichen als Pfand. Der Bruder traute ihm nicht und fragte: »Wer wird für dich bürgen?« Da antwortete das Heiligenbild: »Ich bürge für ihn.« Der Reiche verwunderte sich darüber, aber nahm das Bild an und gab dafür einen Sack Mehl.

Ein Jahr verging, ein zweites und ein drittes, aber der Arme zahlte dem Bruder die Schuld nicht zurück. »Welch ein Betrüger ist doch der Heilige!« dachte der Bruder, »und dabei hat er noch gesagt, er verbürge sich.« Er nahm das Heiligenbild, brach sich Ruten ab und trug das Bild hinaus auf das Feld, um es dort zu prügeln. Unterwegs begegnete ihm ein Kaufmannssohn und fragte, wohin er das Bild trage. Der Reiche erklärte es ihm. Da bat jener, er möge ihm den wundertätigen Nikolaus verkaufen, gab zwei Sack Mehl für ihn und trug ihn heim. Seine Mutter lobte ihn für die gute Tat, und sie hängte das Bild auf.

Zu dieser Zeit mußte der Kaufmann mit seinen Schiffen in ein anderes Zarenreich fahren; drei seiner Onkel hatten sich schon mit ihren Waren auf die Reise gemacht und nicht auf ihn gewartet. Da wollte er einen Aufseher in seinen Dienst nehmen und fand auch einen. Die Mutter schenkte dem Aufseher ein Ei und sagte, er solle es zusammen mit ihrem Sohn verspeisen. Jener schnitt das Ei in die Hälfte, aber die größere nahm er für sich, die kleinere gab er dem Hausherrn. Da befahl die Mutter, diesen Mann laufenzulassen, und sagte: »Er sorgt mehr für sich als für seinen Herrn.« Der Kaufmann suchte nun so lange einen Aufseher, bis er einen solchen fand, der die größere Hälfte vom Ei seinem Herrn gab und die kleinere für sich selber nahm.

Sie machten sich dann auf und fuhren ab. Auf dem Meere kamen sie an einer Insel vorbei, und auf der Insel erblickten sie einen alten Mann, der bat sie, ihn auf ihr Schiff hinüberzuholen, und das taten sie auch. Dann fuhren sie in das fremde Zarenreich und handelten so glücklich, daß sie das Geld nicht mehr zu zählen vermochten.

Der Zar in jenem Land hatte eine Tochter, die war einmal in ihrer Kindheit von ihm verflucht worden; sie starb darauf und lag schon lange in der Kirche im Sarg. Jede Nacht gingen die Leute einer nach dem andern zu ihr, den Psalter zu lesen, und alle fraß sie auf. So kam auch die Reihe an einen der Onkel des Kaufmannssohnes. Was sollte er tun? Sterben wollte er nicht, aber fortbleiben durfte er nicht. Da bat er den Neffen, für ihn zu wachen. Der ging aber vorher zum Alten und holte sich von ihm Rat, und der Alte sagte ihm, er solle dafür von dem Onkel zwei Schiffe mit Waren verlangen, gab ihm auch ein Buch und ein Stück Kohle und befahl ihm, sich in der Kirche nicht umzuschauen. Der Neffe tat, wie der Alte ihm geraten hatte, las in der Nacht den Psalter am Lesepult in der Kirche und zeichnete um sich herum mit der Kohle einen Kreis. Um Mitternacht aber, da stieg die Zarentochter aus dem Grabe und fing an, mit den Zähnen zu knirschen. »Hah! jetzt bist du mir verfallen!« Doch sie konnte auf keine Art in den aufgezeichneten Kreis hineingelangen. Sie wand sich und mühte sich, bis ihre Zeit herum war und sie dort am Kreis niederfiel. Der Neffe aber las immerzu; am Morgen hob er die Zarentochter auf, legte sie zurück in den Sarg und ging selber nach Hause. Sie alle, das Volk und der Zar, erstaunten, daß er am Leben geblieben war. Der Onkel jedoch mußte ihm zwei Schiffe geben; die Waren gingen rasch ab, und Geld hatte er nun scheffelweis.

In der nächsten Nacht kam die Reihe an den zweiten Onkel, in der übernächsten an den dritten; der Neffe nahm von ihnen je zwei Schiffe und wachte unbeschadet. Endlich, in der vierten Nacht, mußte er für sich selber Wache halten. Da gab ihm der Alte drei eiserne, drei kupferne und drei stählerne Ruten und sprach zu ihm: »Zwing sie, ein Vaterunser zu beten, und sobald sie ins Stocken gerät, prügle sie mit den Ruten.«

Der Kaufmannssohn ging auf die Nacht in die Kirche, zeichnete den Kreis um sich herum und las. Die Zarentochter sprang um Mitternacht aus dem Grab und fing an zu wüten, noch ärger als in den ersten drei Nächten. Sie hatte mit einemmal Ofenkrücken in den Händen und zerrte ihn damit fast aus dem Kreis heraus; rund herum aber tobten zahllose Teufel und machten fürchterlichen Lärm. Endlich blieb die Zarentochter ganz ermattet stehn, aber fiel nicht hin. Da zwang sie der Kaufmannssohn, das Vaterunser zu beten. Und wie sie nun anfing und dann steckenblieb, schlug er mit den eisernen Ruten auf sie ein. Danach mußte sie aber weiterlesen, kam bis zur Hälfte und stockte abermals; da prügelte er sie aufs neue mit den kupfernen Ruten. Und wieder zwang er sie, weiterzulesen, und sie war noch nicht zu Ende gelangt, als sie nochmals ins Stocken geriet: Da schlug er sie mit den stählernen Ruten. Dann las sie jedoch richtig bis zum Schluß.

Der Morgen war schon angebrochen, und hinter den Türen fragten die Leute einander: »Lebt er wohl noch?« Und als sie zwei Stimmen hörten, wunderten sie sich: »Was soll das bedeuten?« Sie öffneten die Tür und sahen den Kaufmannssohn und die Zarentochter beieinander. Gleich meldeten sie's dem Zaren. Der freute sich darüber sehr und gab dem Kaufmannssohn seine Tochter zur Frau.

Die Waren hatten sie inzwischen verkauft, und es war Zeit, heimzukehren. Der Alte aber sagte dem Kaufmannssohn, daß er seiner Frau des Nachts nicht eher beiwohnen solle, bis er es ihm erlauben würde.

Sie fuhren nun auf ihren Schiffen und kamen zu jener Insel. Da sprach der Alte: »Jetzt wollen wir unsern Verdienst teilen.« Sie legten ihre Millionen auf zwei Hälften, und dann sollte auch die Frau geteilt werden. Der Jüngling betrübte sich

H Vogeler. 24

gar sehr, aber es war nichts zu machen, so hatten sie es vorher verabredet, und er willigte schließlich ein. Der Alte nahm einen Säbel und hieb die Zarentochter in zwei Hälften: Da krochen aus ihrem Leib allerhand Ungeziefer und Schlangen; das waren aber alles Teufel. Der Alte reinigte den Leib und besprengte ihn mit Wasser – da wuchs er zusammen, und die Zarentochter ward wieder lebendig. »Hier hast du deine wahre Frau«, sprach der Alte, »leb du mit ihr und nimm alles Geld, ich bedarf seiner nicht.« Nur drei Kopeken nahm er mit sich, und dann verschwand er plötzlich, keine Spur war mehr von ihm zu sehn. Dem Kaufmannssohn war es leid um den Alten, er hatte ihn liebgewonnen wie einen Vater, aber da ließ sich nichts tun, und er reiste heim. Zu Hause erzählte er der Mutter von ihm, berichtete, was ihm begegnet war, und bedauerte den Alten. Die Mutter aber sprach zu ihm: »Warum dachtest du nicht an den wundertätigen Nikolaus? Hättest du ihm doch vorher eine Kerze geweiht.«

Da besann er sich darauf und ging zu dem Heiligenbild, dort brannte aber schon eine Kerze für drei Kopeken. Sie fragten herum, wer sie wohl gestiftet habe – denn der Heilige hätte eine für einen Rubel haben sollen –, doch niemand bekannte sich dazu. Da erriet er, daß der Alte der heilige Nikolaus, der Wundertäter, gewesen war und für jene drei Kopeken sich selbst eine Kerze aufgestellt habe. Sie ließen die Kerze brennen, und mit all dem Gut, das sie erworben hatten, lebten sie glücklich und zufrieden.

Alexander Afanasjew

Väterchen Nikolaj

In einer Stadt lebte einmal ein Langfinger, dem schon manches Gaunerstück geglückt war. Eines Tages wollte er einen reichen Mann bestehlen; dabei wurde er überrascht und dann verfolgt. Lange lief er durch den Wald, aber der Wald hörte auf, und vor ihm lagen gute zehn Werst offenes Feld. Als er am Waldrand ankam, hielt er an und wußte nicht, wohin er sich retten sollte. Wenn er über die Steppe liefe, würde man ihn sogleich entdecken, denn man konnte auf zwei Werst alles sehen, seine Verfolger aber waren schon ganz nahe. Da begann er zu beten. »Mein Herr und mein Gott, erbarme dich meiner sündigen Seele! Väterchen Nikolaj, verbirg mich – ich will dir eine Zwanzig-Kopeken-Kerze weihen.« Plötzlich stand – woher auch immer – ein älterer Mann vor ihm und fragte: »Was hast du gesagt?« Der Dieb antwortete: »Ich habe gesagt: ›Väterchen Nikolaj, verbirg mich‹, und ich versprach ihm eine Kerze.« Er beichtete dem alten Mann seine Sünden. Der Alte sprach: »Wenn du willst, kannst du in diesen Kadaver kriechen.« Einige Schritte weiter lag nämlich ein Kadaver. Was sollte der Langfinger tun? Er mußte in den Kadaver kriechen, denn es wäre ihm gar nicht recht gewesen, wenn seine Verfolger ihn eingeholt hätten. Er kroch in den Kadaver, und sogleich war der alte Mann verschwunden. Denn dieser alte Mann war der heilige Nikolaj.

Die Verfolger sprengten heran; sie ritten eine halbe Werst in die Steppe hinaus, aber weit und breit war niemand zu sehen, da kehrten sie unverrichteter Dinge um. Der Dieb lag in dem Kadaver und hielt den Atem an, so gräßlich war der Gestank! Als die Gefahr vorüber war, kroch er heraus und sah abermals den

Alten – er stand in der Nähe und sammelte Wachs. Der Dieb trat auf ihn zu und dankte ihm für seine Errettung; da fragte der Alte wieder: »Was hast du Väterchen Nikolaj für deine Errettung versprochen?« Der Dieb antwortete: »Ich wollte eine Zwanzig-Kopeken-Kerze vor seiner Ikone anzünden.« – »Das ist es ja! So, wie du in dem Kadaver beinahe erstickt wärest, so würde deine Kerze Vater Nikolaj stinken.« Und er belehrte ihn: »Niemals darfst du den Herrn, unsern Gott, und seine Heiligen um Segen für böse Taten bitten, weil unser Herr böse Taten nicht segnet. Behalte meine Worte, und ermahne die anderen, daß sie niemals bei argem Tun zu Gott um Beistand beten!« Er sprach es und verschwand.

Antonina Gorskaja

Der Weihnachtsbaum im Wald

Die Tiere im Wald hatten seit langem bemerkt, daß die Menschen während der frostigsten Tage im Wald schöne Tannen abschlagen und fortschaffen.
Der Fuchs, als besonders neugieriges Tier, war in die nächste Siedlung gelaufen und hatte durch ein Fenster geschaut, was da im Hause wohl vor sich ginge. Wie hatte er gestaunt, als er im großen Zimmer die einfache Tanne ganz geschmückt und über und über glitzernd entdeckte, dazu die Kinder, die ringsum liefen und hüpften. Lange hatte sich der Fuchs nicht vom Fenster lösen können, und es ärgerte ihn, daß in seinem Wald, wo es von solchen Tannen eine gewaltige Menge gab, keine einzige so prächtig geschmückt war. Der Fuchs horchte, was die Menschen redeten, und begriff, daß sie ein großes Fest feierten, begriff, daß Christus geboren war und daß man die Tanne für Ihn geschmückt hatte.
Schnell lief der Fuchs zurück, versammelte unverzüglich alle Tiere und erklärte, daß sie jetzt einander nicht angreifen dürften, daß jetzt der große Feiertag von Christi Geburt sei und daß »Friede auf Erden« sein müsse. Er berichtete alles, was er gesehen und gehört hatte, und bestand darauf, daß sie alle diesen Tag auf die gleiche Weise feiern sollten.
Nach kurzem Meinungsaustausch stimmten ihm alle Tiere zu.
Bald war die Arbeit in vollem Gange.
Der Bär hob sofort einige trockene Bäume und Baumstümpfe aus, schob sie zur Seite und verwandelte so den undurchdringlichen Platz in eine offene Lichtung. In deren Mitte stellte er die von ihm geholte allerschönste und größte Tanne.
Die kleinen Tiere – die Eichhörnchen und Hasen – schwirrten los und machten

sich daran, den Schmuck für den Tannenbaum herzurichten. Sie rollten aus Schnee kleine Kugeln, sie verwandelten kleine Eiszapfen in Glöckchen, sie schnitten aus einem großen Eisbrocken einen Stern mit vielen Zacken. Die Eichhörnchen schafften ihn bis zur Spitze des Baums und machten ihn dort fest.
Der Fuchs formte aus Schnee einen Engel mit angelegten Flügeln, und dieser blickte von der Höhe der Tanne liebend auf alle herunter.
Da kamen zwei Wölfe zu dem Weihnachtsbaum, wie er da mit den Schneekugeln und den Glöckchen, die beim leisesten Windhauch erklangen, geschmückt im Walde stand, und bestäubten ihn mit funkelnden Eiskristallen.
Als der erste Stern am Himmel auftauchte, erstrahlte die Tanne von seinem Licht und glitzerte mit allen ihren bläulichen Eisstückchen.
Die Tiere ließen sich ringsum nieder und freuten sich daran.
Aber da spürten sie ihren großen Hunger. Sie hatten doch, wie es bei den Menschen üblich ist, bis zum Aufleuchten des Weihnachtssterns nichts gegessen. Nun bereiteten sie sich schnell ein Abendbrot.
Der Bär brachte aus seinem Vorrat ein Fäßchen Honig, die Hasen rollten einen gewaltigen Kohlkopf herbei, die Eichhörnchen schütteten vor einen jeden Zedernkerne; der Fuchs aber, der sich keinen Vorrat angelegt hatte, fand einen Ausweg aus seiner Lage. Er sammelte ein großes Bündel Reisig und flitzte damit in das nächstbeste Dorf, klopfte bei einem der Holzhäuser ans Fenster und bat die Hausfrau sehr höflich, ihm anstelle dieses Heizmaterials für ihren Ofen eine Pirogge, gefüllt mit Reis und Pilzen, sowie eine Flasche selbstgebrannten Schnapses zu geben.
Die Frau war einverstanden, und der Fuchs eilte mit seiner köstlich schmeckenden Last in den Wald zurück.
Die Wölfe hatten auch nichts Eßbares verwahrt, aber sie waren auch nicht so erfindungsreich wie der Fuchs, und es fiel ihnen nichts ein, wie man etwas beschaffen könnte. Daher standen sie traurig mit leeren Pfoten am Rande. Aber man gab ihnen in guter Freundschaft von allem ab, was bereitgestellt war.

Die Mahlzeit am Heiligen Abend verlief recht lebhaft, man feierte bis Mitternacht, als plötzlich die Idee aufkam, zu tanzen.
Der Bär bat die Füchsin zum Tanz, der Wolf das Eichhörnchen, die Hasen drehten sich miteinander im Kreise. Ein Hase aber – ein alter Musikfreund – hob das umgefallene Honigfaß vom Boden auf und schlug mit einem Ast auf dem Boden einen Foxtrott-Rhythmus. Der Tanz dauerte bis zum Morgen an.
Ehe man auseinanderging, bedankten sich alle Tiere herzlich beim Fuchs für den so schön verbrachten Feiertag, der Bär küßte der Füchsin ehrerbietig die Pfote.

Am nächsten Tag kam zufällig eine Elster auf diese Lichtung geflogen. Sie erblickte die geschmückte Tanne, traute ihren Augen nicht und hob so an zu schäckern, wie sie es noch nie im Leben getan hatte. Mit großer Erregung flog sie durch den Wald und verkündete die unerhörte Neuigkeit.
Sogleich flogen auf der Lichtung die Vögel des Waldes zusammen und flatterten rings um die Tanne herum, wagten allerdings nicht, sich darauf niederzulassen.
Die Waldarbeiter wurden vom Klang der Vogelstimmen angezogen, als sie zur Arbeit gingen. Sie gelangten bis zu der wundersamen Lichtung und starrten voller Verwunderung den weihnachtlichen Tannenbaum an, der da tief im Walde strahlte. Sie staunten und staunten und konnten sich lange nicht satt sehen, bis sie plötzlich auf dem allerobersten kleinen Zweig den Schnee-Engel entdeckten.
In diesem Augenblick löste sich der Engel vom Weihnachtsbaum, breitete seine Flügel aus, schüttelte den Schnee von sich ab und fing an, vor ihren Augen zu wachsen. Er wuchs und wandelte sich schnell zu einem echten Engel und hob sich mit sanftem Flügelschlag höher und höher, bis er in den Wolken verschwunden war.
Erschüttert von dem, was sie gesehen hatten, sprachen die Waldarbeiter ein Gebet und fielen zu Boden. Als sie wieder aufstanden, hatte sich ringsum ein Schneesturm erhoben, und auf der Lichtung bildete sich aus dem schnell fallenden Schnee ein gewaltiger Schneeberg.

Quellennachweis

Edzard Schaper, Die Legende vom vierten König (Auszug)
aus: Edzard Schaper, Die Legende vom vierten König, Artemis & Winkler Verlag, München und Zürich 1994.

Leo Tolstoi, Weihnachtstroika
aus: Leo Tolstoi, Krieg und Frieden, Artemis & Winkler Verlag, Düsseldorf und Zürich 1997.

Iwan Bunin, Der wahnsinnige Künstler
aus: Russische Weihnachtsgeschichten, Aufbau Verlag, Berlin und Weimar 1991.

Fjodor Dostojewskij, Der Christbaum und die Hochzeit
aus: Fjodor Dostojewskij, Erzählungen, Artemis & Winkler Verlag, München und Zürich 1977.

Anton Tschechow, Zur Weihnachtszeit
aus: Anton Tschechow, Späte Erzählungen, Artemis & Winkler Verlag, Düsseldorf und Zürich 1996.

Maxim Gorkij, Weihnachtsphantome
aus: Russische Weihnachtserzählungen, Gütersloher Verlagshaus, Gütersloh 1990.

Boris Pasternak, Weihnachten bei den Swentizkijs
aus: Boris Pasternak, Doktor Shiwago, Aufbau Verlag, Berlin und Weimar 1991.

Alexej Remisow, Heiligabend
aus: Russische Weihnachtsgeschichten, Aufbau Verlag, Berlin und Weimar 1991 (© Verlag Rütten & Loening, Berlin).

Russisches Märchen, Nikolaus der Wundertäter
aus: Russische Volksmärchen, hg./übers. von A. Löwis of Menar, Jena 1914 (Eugen Diederichs Verlag, München).

Alexander Afanasjew, Väterchen Nikolaj
aus: Alexander Afanasjew, Russische Volksmärchen, Artemis & Winkler Verlag, Düsseldorf und Zürich 1996.

Antonina Gorskaja, Der Weihnachtsbaum im Wald
aus: Russische Weihnachten, hg. und übers. von Wolfgang Kasack, Herder Verlag, Freiburg im Breisgau 2000.